国家社科基金项目《农村土地流传制度及相关问题的理论和实证研究》（项目编号：09BJY060）资助

CHINA

中国农村土地流转的
制度环境、农户行为和机制创新

方 文 著

ZHEJIANG UNIVERSITY PRESS
浙江大学出版社

序 言

在我的印象中，为别人的书作序，特别是为专家学者们的研究专著作序，历来应该是同行中执学术牛耳之尊者，或者是学贯中西、博古通今、学富五车、著述等身之巨匠。本人虽不能自谦为不才无学，但也总觉得才疏力薄，因此应承作序，还真有点惶恐不安，生怕无以塞责。但阅读书稿后，甚为庆幸。近几十年来，关于农村土地流转问题的研究成果，虽不能说浩如烟海，但也可以说是众嚼无数的问题。在众多的研究成果中，虽不乏精工之作，但在由方文副教授主持，胡哲平、刘宗让等同志参加的国家社科基金项目"农村土地流转制度及相关问题的理论和实证研究"基础上形成的研究成果《农村土地流转的制度环境、农户行为和机制创新》一书，仍能使人眼前一亮。这一研究成果，无论是对立题背景的认知，还是研究技术路线的设计、理论模型的建立到数据、资料、文献的收集和分析处理都可以说达到了精耕细作的程度，所以呈现给我们的是高质量的研究成果。

土地问题是一个亘古永存的话题。人类不仅仅经济活动依赖土地，可以说人类因土地而生，因土地而存。西方古典经济学创始人之一威廉·配第曾说过："土地是财富之母。"基于此，在人类的发展史上，对土地的治理从来都是社会治理中的最重要最基础的内容。春秋时期政治家管仲说过："地者，政之本也，故地可政也，地不平均调和，则政不可正也。"管仲将土地管理制度看做是国家政体根本的观点，至今仍被视为至理名训。人类进入文明社会以来，土地资源配置都是在一定的规则制度上进行，土地制度历来也都伴随着革新和变革过程。中国社会的变革过程基本上都围绕着土地问题展开，"耕者有其田"几乎是中国农民革命运动的核心目标。无论在新民主主义革命，还是社会主义革命阶段，解决农民的土地问题都是中国共产党在领导革命运动中团结革命队伍、创造革命动力的根本举措。开始于1840年以来的中国现代化进程，虽然其物质载体定位在工业化，但现代化的最终实现仍然要有赖于"三农"问题的最终解决。

改革开放以来，我国的政界、理论界和实业界一直关注着农村土地制度问题,改革开放的起始点就是农村的土地问题。关于农村土地流转的研究,则是始于20世纪末,在农业产业化问题被提上改革日程之后。此后的研究进程和理论成果,以及成功的事例,本书的文献研究中已有较详尽概述。

方文的这部著作,引入产权制度理论,从产权制度理论的一般原理出发,通过考察新中国成立以来我国土地制度(主要是产权制度)安排的演化机制,探寻制度变迁的动因和由此产生的效应,分析其中的缺陷,进而提出农村土地制度创新的基本思路,并从界定农村集体土地的内涵和外延出发,研究土地流转问题。在参照性理论选择和研究技术路线上,应该说较为合理科学。

客观地说,在研究农村土地流转制度中引入产权理论,并非是本研究成果首创。20世纪80年代以来,专家学者们在研究这一问题时,也多半注意到了引入产权理论。本著作的研究突出之处在于,研究中将引入的理论置于历史唯物辩证法的指导下。研究中充分注意到用历史的眼光审视新中国成立以来我国土地制度的变迁,以实证方法审视现实。因此,其研究结论能够给人以坚实可靠之感觉。

本书的研究内容丰硕,体系较为完整,对当前农村土地流转的不同内容(农用地流转、集体建设用地流转、农村未用地流转)、不同流转形式(所有权流转、使用权流转)等分别加以具体的研究,针对流转中存在的问题和矛盾,提出了相应的对策措施,从而使研究具有一定的政策和决策参考价值。

本研究成果如能在提出的制度创新和政策建议上更细化一些,则不仅能大大提升研究成果的社会效益,同时也能使本研究更为丰满。当然任何事物都不可能十全十美,真理不可能穷尽。不要说客观的经济过程在不断地发展变化着,即使已经暴露的问题,要用一个课题研究来解决,也显得苛刻了。希望本研究成果能给同仁,给政界和业界以启迪,也就实现课题研究者们的初衷了。

余荣华

2012年5月于杭州

目 录

C O N T E N T S

1　绪　论

1.1　选题的背景

　　"土地既是一个古老的问题又是一个永恒的主题。"[①]作为重要的自然经济资源和社会资源,它始终伴随着人类社会的演化和发展,是人类赖以生存发展的基础。一部人类社会的发展史,就是人们不断地改造和利用自然资源方式的改进并因此而引起社会结构变化的过程。马克思指出:"土地是一切生产和一切存在的源泉,并且它又是同农业结合着的,而农业是一切多少固定的社会的最初的生产方式。"[②]威廉·配第曾经说过:"劳动是财富之父,土地是财富之母。"[③]中国有着漫长的2000多年封建农耕社会的历史,土地之于农民、之于农业的影响更为深刻。新中国成立以后,土地问题也始终是中国"三农"问题中最基本的问题。十一届三中全会以后,以农村家庭联产承包责任制为核心和起点的农村改革,不仅改变了传统的农业生产方式和经营方式,也带动了农村经济社会结构和农民思想观念的变革,并进而推动了整个中国全方位的经济社会变革和发展。农村土地流转从根本上说是适应我国城市化和现代化发展需要,有效提高土地利用效率的重要手段。通过土地的不同形式的流转,不仅有利于实现农业规模化经营,提高土地使用价值,调整农业产业结构和增加农民收入,而且也是满足城市化、工业化发展对土地资源需求的基本途径。土地流转制度改革是当前农村经济体制改革的热点和难点。农村土地作为由农村和农民所掌握的最重要的生产资料和与农民关系最为直接和密切的社会资源,也日益成为农村深化改革的焦点所在。特别是随着国家城市化和工业化战略的实施,因土

---

① 孟勤国:《中国农村土地流转问题研究》,法律出版社2009年版。
② 《马克思恩格斯选集》(第二卷),人民出版社1972年版,第109页。
③ 《马克思恩格斯全集》,人民出版社1972年版,第57页。

地的稀缺性和不可再生性以及我国人多地少的基本国情导致的用地供需矛盾而引发的种种矛盾成为中国推进现代化进程中不可回避和亟须解决的问题。因此,土地流转制度改革是当前农村经济体制改革的热点和难点。规范农村土地流转是深化农村改革的重要内容。研究土地流转问题的目的就在于揭示土地流转的动因、形式和绩效,剖析土地流转的现状及矛盾,进而为完善农村土地流转的机制和体制创新提供基本的思路。

土地是人类从事物质资料生产活动的三个基本要素(土地、劳动和资本)之一,因而土地流转在本质上就是一种生产要素的流动,而任何生产要素的流动总是在一定的制度环境约束下进行的,而且不同的制度安排决定了这些要素的组合形式及其发挥的功能。因此,研究农村土地流转问题必须考察相应的制度环境和制度安排。新制度经济学的发展为从经济学角度研究制度问题提供了新的工具和方法。虽然中国社会、经济、文化和自然等形成的差异对中国农地制度安排的影响是如此之大,以至于国民经济在任一部门都难像农业一样,既为制度经济学在中国的应用提供如此丰富的实证资料,也为中国农地制度创新过程中,如何"摆平"诸多的变量约束颇感踌躇。同时也深深感到:纯粹的制度经济学与东方社会,尤其是与东方社会的意识形态的"磨合"将是漫长的,所以很难用规范的制度经济学语言来界定不断发展中的中国农地制度变迁过程。[①]但是,制度作为社会的一套游戏规则,规定和约束着人们的行为决策,并通过人的行为决策影响一个社会的经济绩效。新制度经济学理论所包含的丰富内容和理论架构,也为研究中国农村土地制度提供了基本的分析框架。因此通过吸收和总结新制度经济学的研究成果,结合中国农业和农村经济的现实条件,揭示中国农村制度安排的历史演变及其与经济绩效之间相互关系的理论分析框架,既是新制度经济学理论和方法在中国农村经济研究中的具体应用,也是从理论方法上对研究中国农村土地制度问题的一种提升,为研究中国农地制度的未来发展提供一种更为具体的理论思路。同时,面对纷杂的理论争论和汗牛充栋的理论成果,希望进行耐心的梳理和细心的求证,抛弃那些似是而非的推理与结论,合理评判中国农地的制度建构和正在进行的制度变迁,从而对中国农地制度未来的改革和发展有一个准确的判断。

在我国特定的乡村社会环境下,"农户从社会学意义来看,是我国农村社会组织的基本单元,是社会的细胞,是社区共同体的组成单位;从经济学意义上来讲,农户就是指以家庭为单位,从事农业生产经营的微观主体"[②]。土地是农户

---

① 骆友生、张红宇:《家庭承包责任制后的农地制度创新》,《经济研究》1995 年第 1 期。

② 唐文金:《农户土地流转意愿与行为研究》,中国经济出版社 2008 年版,第 6 页。

从事生产经营活动的生产资料,尤其是在我国特定的城乡二元体制下,土地又是农户的职业和社会保障的基本载体。因此,农户行为与土地流转存在着内在的联系。在土地流转过程中,农户行为不仅对土地流转的规模、形式、方向等都将产生很大的影响,更重要的是作为制度变迁中的行动团体,一方面,其行为受现存制度的约束,另一方面,作为一个外生变量,又会改变制度安排的偏好结构,从而引起诱致性的制度变迁。大量的实证研究表明,农户参与土地流转的意愿受当地非农产业的发展水平、农业剩余劳动力转移程度、农村社会保障水平、国家相关的农业政策和土地流转市场发育程度等外在宏观因素的影响,同时还受农户的户主年龄、文化程度、家庭结构、法律认知水平等自身微观因素的影响,甚至农户的主观意识,如兴趣、偏好、观念等也可能对农地流转产生重要影响,甚至使农户克服客观因素的种种限制作出逆向选择。例如,一些老人将种地作为一种精神上的消遣,而并不考虑经济上的收益。通过考察农户行为与土地流转的关系,对于在土地流转中如何协调好促进土地流转与充分尊重农户意愿的关系具有重要的意义。在综合考察影响农村土地流转的宏观外在制度环境因素和微观的农户内在行为因素的基础上,提出创新我国农村土地流转的机制和对策。

1.2 国内外研究现状评述

1.2.1 国内研究评述

近年来,随着农村二、三产业的发展和工业化、城市化进程的不断加快,通过土地的合理流转以适应适度规模经营的要求和缓解日渐凸现的土地供需矛盾已是现实的客观需要。因此,"如何完善现行的农村集体土地流转制度,如何切实维护和保障农民的利益,如何处理和协调工业化城市化发展与依法保护耕地保证国家粮食安全和农业基础地位的关系"等都是当前土地流转制度改革中需要迫切研究和亟待解决的重大理论和现实问题。为此,国家主要从立法的角度给现实中出现的各种土地流转方式赋予法律上的合法性,并对土地流转的方式、原则、流转合同的签订以及土地流转管理等作出了详细明确的规定,先后出台和修订了《土地法》、《土地管理法》、《农村土地承包法》、《农村土地承包经营权流转管理办法》等。学术界从经济学、社会学、法学等不同的研究领域出发,通过理论分析和实地调研,对现行的土地流转方式从不同的视角进行研究和论证,形成了一系列的研究成果,也给相关的实际部门提供了决策的参考依据。

而综观目前国内对此问题的研究，不管是理论研究还是实证分析，其研究的路径和观点大致可总结为：

第一，以制度分析为基础，探索土地流转模式的效益。从界定土地产权的内涵出发，分析现有土地产权制度的缺陷，进而提出农村集体土地产权体系的构建和设想。按照产权理论的解释，完整的土地产权应该包括所有权、使用权、收益权和处置权。使用权是所有权的派生，收益权和处分权是所有权和使用权的具体体现。因此，土地所有权制度对土地流转具有重要的直接影响。研究者认为，我国现行的农村土地集体所有的产权制度存在着产权主体界定不明和权利内涵模糊、所有者虚位等问题。如宋振湖、黄征学[①]（2005）指出，"国家只是在名义上和法律上承认农村土地归农民集体所有，而事实上的'集体所有制'表现为无实质内容的集体空壳"。蒋占峰[②]（2004）指出，集体土地产权主体不明，"既可以是村集体经济组织，也可以是村民委员会，还可以是乡镇农民集体，并可能分属于村内的几个农业集体经济组织（指村民小组）"；卢吉勇、陈利根[③]（2002）指出，由于"农民集体产权主体不清，从而在集体非农建设用地流转过程中，出现了收益分配不公、集体资产流失、农民权益得不到保障等一系列社会问题"。钱忠好[④]（1999）认为，"我国现行农村集体所有制的土地产权极为模糊，产权就土地的集体所有制而言，从某些层面上看，界定严重不清，可能更多的是出于政治和意识形态的考虑。在集体所有制的框架下，常常出现各种'上级'和'下级'以各种名义侵削土地的集体所有者的权益"。正是土地产权（主要指所有权）不清，才是造成土地流转不规范和利益分配矛盾的主要原因。因此，主张通过对农村集体土地所有权制度的改革来规范和提高土地流转的模式和效益。目前在农村集体土地所有权制度改革模式的选择上存在着国有论、私有论、集体所有制基础上的完善论等三种有代表性的观点。在此基础上进一步有所创新的观点是"复合土地产权结构或称"多元所有论"。其中"国有论"者主张将现在分属于不同集体组织的土地收归国有，由国家实行土地永佃或管理并制定统一的流转法。具体又可分为四种不同的运行模式。一是土地国有，农民永佃。例如，何炼成、何林[⑤]（2004）提出，总的设想是："农村土地同城市土地一样，全部归国家所有，实行土地国有化；但农村土地的使用权和支配权应交给农民及其家

---

① 宋振湖、黄征学：《中国土地产权制度分析》，《中国发展观察》2005 年第 3 期。

② 蒋占峰：《农地股份合作制变革与农民创收》，《理论导刊》2004 年第 7 期。

③ 卢吉勇、陈利根：《集体非农建设用地流转的主体与收益分配》，《中国土地》2002 年第 5 期。

④ 钱忠好：《中国农村土地制度变迁和创新研究》，中国农业出版社 1999 年版。

⑤ 何炼成、何林：《实行农地制度国有化的设想》，《红旗文稿》2004 年第 3 期。

庭,使其自行经营和支配,不规定年限,农民可以将土地使用权和支配权出租、转让、抵押、赠送、遗传。"安希伋[1](1988)主张将土地所有权归国家,不允许买卖或转让,土地使用权则以法律形式永佃给农民,国家征收统一的土地税,不收地租。白永秀、马小勇[2](2005)提出以"土地"换"保障"的观点,认为可对现行农地制度进行改革,实行土地国有化,给予农民永佃权,允许土地二级永佃权自由买卖,农民能够以土地永佃权换取社会保障体系中的社会保障账号,逐步实现社会保障体系的统一。二是土地国有,租赁经营。这种模式主张全部土地归国家所有,建立各级专门的土地管理机构,各级政府代表国家对土地实行直接占有,对一切土地实行有偿使用,并负责国家土地的租赁,向土地经营者征收地租。[3]三是土地国有,私人经营。这种模式主张土地所有权归国家,农民经营国有土地且依法缴租、纳税。例如杨勋[4](1989)认为,国有私营,在我国农村具有现实可行性和可操作性。人民公社制度的终止,使农村地产实际上处于无主状态,从而为农村国有化提供了极为有利的条件:在我国农村的现实条件下,土地国有,既不需要国家支付巨额资金去购买农民的土地,也无需担心由此引起剧烈的社会震荡,且国有私营,国家可集中一部分资金用于农业投资,土地归农民私营,大得民心,有利于社会安定。四是土地国有,承包经营。这种模式主张国家拥有土地的终极所有权,承包农户与国家签订承包合同,国家无偿或以极低的价格提供土地。土地国有化后,国家可继续维护农村现有农用地的承包关系,保证目前的农业生产,对收回的农民的承包地可进行招标承包。[5]"私有论"者主张将集体土地所有权直接赋予农民,由农民土地私有制代替家庭联产承包责任制,进而从根本上解决土地集体所有制下的主体不明,最大限度地保护农民对土地的处置自主权和收益权,实现土地的最大市场价值。他们认为,目前实行的家庭联产承包责任制,使农村的土地关系发生了深刻的变化,特别是在第二轮土地承包后实行"增人不增地、减人不减地"以及国家取消农业税和农村的各项收费后,土地的集体所有制只剩下了空壳,农民倒成了土地的实际所有者。同时,实行土地私有制有利于较大程度地激励各生产要素的投入,提高资源配

---

[1] 安希伋:《论土地国有永佃制》,《中国农村经济》1988 年第 11 期。

[2] 白永秀、马小勇:《农村土地制度改革的困境及一种可供选择的方案》,《改革》2005 年第 2 期。

[3] 李平:《土地国有租赁经营》,《农业经济问题》1988 年第 12 期。

[4] 杨勋:《国有私营:中国农村土地制度改革的现实选择——简论农村改革的成就与趋势》,《中国农村经济》1989 年第 5 期。

[5] 汪三贵:《论我国土地有偿使用的几个问题》,《农业经济问题》1987 年第 7 期。

置效率,最大限度地释放土地制度所隐含的显现能量和潜在能量。[1] 也有学者认为,只有确定明晰的人格化的私有产权制度,资源的流动、重新组合才会围绕一个目标——提高资源收益率。[2] 如杨小凯[3](2003)分析了地权和宪政的关系,指出,"中国农业要真正搞起来,土地一定要私有化,要自由买卖"。白秋霞[4](2005)提出,"清晰的产权是市场有效运行的前提,而'三农'问题的根本出路是市场化,其现实基础是,我国目前土地产权模糊,只有界定所有权给农民,土地产权才能完全界定清楚"。赞同土地混合所有制的学者认为,实行以土地集体所有制、土地私有制和土地国有制为基础的混合所有制,采取以租赁制、股份式经营、农场式经营等主要经营形式的混合所有制,有利于促进各种资源的最优配置,使不同层次、不同水平的生产力在各自相宜的经营环境中得到充分的发展;有利于推动土地生产要素的市场性流动,形成扩大生产规模机制,促进规模的稳定形成与发展;有利于促进土地生产率的提高和加快农业剩余劳动力转移的步伐;有利于彻底打破传统农业的封闭,促进商品农业的形成与发展。[5] 钱忠好[6](2010)认为:"我国农村土地实行土地社会(国家)占有基础上的农民(农户)个人所有制即复合所有制,是历史选择的必然。"但大多数学者认为,基于我国社会主义公有制的基本经济制度和现阶段"三农"问题的现状,维持土地集体所有制无论是从减少制度变迁的成本还是促进农业现代化进程的需要,都不失为目前解决农村土地权利主体缺位的一种方法。因此,在坚持农村土地集体所有制前提下进一步完善农村土地使用权流转逐渐成为目前土地产权制度改革的主流观点。例如,李建功[7](2003)提出以土地租赁替代土地承包的思路,"依据租赁合同,集体是土地所有者,行使土地所有权;承租农户拥有完整的土地使用经营权。这样就把土地所有权和使用经营权完全分开,既在经济上实现了土地所有权,又强化了农户对土地的使用经营权,达到产权关系明晰化";李淑贤[8](2003)对国有化、私有化进行驳斥,认为"农地国有化不可行……如果采取无偿

---

① 李永民、李世灵:《农村改革的深层障碍与土地产权建构——兼述我们通流行的理论观点的分歧》,《中国农村经济》1989 年第 6 期。

② 罗海平:《农村产权制度改革目标——私有化》,《农业经济问题》1988 年第 11 期。

③ 杨小凯:《土地私有制与中国的农业问题》,《经济管理文摘》2003 年第 2 期。

④ 白秋霞:《对我国农村土地产权与土地改革的经济学思考》,《职大学报》2005 年第 3 期。

⑤ 石成林:《以"多"字为特征的土地制度改革模式》,《中州学刊》1989 年第 12 期。

⑥ 钱忠好:《基于 ESPC 分析框架的我国农地所有制改革路径研究》,《学术研究》2010 年第 10 期。

⑦ 李建功:《构建我国集体土地产权制度的基本思路》,《资源产业》2003 年第 2 期。

⑧ 李淑贤:《完善集体所有制:农地产权制度比较现实的选择》,《山西大学学报(哲学社会科学版)》2003 年第 2 期。

剥夺的办法,将这些土地国有化,必然会引起农民的强烈不满,如果通过购买的办法,实现农地国有化,国家财政也难以承受",同时国有化也无助于集体土地问题的解决;"农地私有化行不通……实行农地私有化,只能是'火上浇油',激化人地关系紧张的矛盾","农地私有不仅不利于农地的流动和集中,还可能成为其障碍";李昌平[①](2010)认为:"土地私有化不是灵丹妙药,土地私有化解决不了农民的真实问题。"贺雪峰[②](2010)认为:"土地私有化不仅不能保护农民的利益,而且也不能提高农业效率,当前附加在土地制度上的道德话语和效率想象都是站不住脚的,是缺乏常识的表现。"因此从目前看来,农地产权制度建设比较现实可行的选择是进一步坚持和完善集体所有制。

第二,重点对集体土地的流转进行分析,对流转的产生、内涵、形式、特点、动因、绩效、问题等方面作出评价,并提出促进和规范集体土地使用权流转的建议和对策。研究方法也大量采用实地调研和定量分析。根据调研的数据资料,通过建立数理模型分析影响土地流转绩效的各变量及其影响程度。如林善浪[③](2005)通过对福建省和江西省 224 个农户问卷调查,分析了影响农户参与土地流转意愿的因素和行为特征;张照新[④](2002)通过对处于中西部和东部的河北、陕西、安徽、湖南、四川、浙江六省的 94 个村民小组和 6 个村的调查、比较和分析,论述了影响土地流转市场发展的因素和地区间的差别;唐文金[⑤](2008)利用对四川省南充市五县(南部县、仪陇县、蓬安县、西充县、营山县)三区(嘉陵区、高坪区、顺庆区)一市(阆中市)的 27 个乡(镇)54 个行政村的 540 户农户调查所得的资料,并在结合我国具体实际的一系列假设条件下,通过构建理论模型,对农户土地转出意愿的因素及其行为进行了实证研究,运用 Logit 模型对影响农户土地转入意愿的因素进行实证分析,等等。通过这些实地的调研和样本的分析,从而使研究更具微观性和现实性。

综观目前国内对于农村土地流转及相关问题的研究,存在着以下几方面的不足:

---

① 李昌平:《土地私有化不是灵丹妙药——与吴敬琏老师商榷》,《东方早报》,2010 年 3 月 1 日。

② 贺雪峰:《地权的逻辑——中国农村土地制度向何处去》,中国政法大学出版社 2010 年版。

③ 林善浪:《农户土地规模经营的意愿和行为特征——基于福建省和江西省 224 个农户问卷调查的分析》,《福建师范大学学报(哲学社会科学版)》2005 年第 3 期。

④ 张照新:《中国农村土地流转市场发展及其方式》,《中国农村经济》2002 年第 2 期。

⑤ 唐文金:《农户土地流转意愿与行为研究》,中国经济出版社 2008 年版。

首先,关于农村集体土地产权制度改革的研究,一方面正如康雄华[①](2006)所述,在取得大量有一定价值的研究成果和改革思路的同时,也不同程度地存在着诸如"在主张产权制度改革(主要是清晰所有权主体)时常常只涉及农用地产权制度的分析,而集体建设用地产权制度的分析很少涉及,尽管实践证明合理安排集体建设用地产权制度的重要性日益增强;从制度变迁理论分析农村集体土地产权制度时常常只是考虑制度变迁的需求因素,而忽视制度变迁的供给可能,因而得出的结论可能具有一定片面性"。另一方面都是就土地产权制度本身所包含的各权属主体(所有者与承包者、经营者)之间的固有关系来探讨权益的归属问题,而忽略了权益流转过程中各权属主体之间关系的"变异性"。我国农村改革后实行的土地家庭承包经营制度其实质是实现土地所有权和使用权的一定程度的分离,集体与农民之间的关系是一种委托——代理关系,双方的权责利通过签订委托代理合同(土地承包合同)以契约的方式得以体现和保障。"这种关系一经确立,所有权与使用权一经分离,集体只保留法律上的最终所有权,赋予农户对承包的集体土地以实际的占有权。"[②]因此,我们认为应当在保持"农村集体"这一土地终极所有者所有权"虚拟性"的前提下给农民更大的土地处置权和收益权。"现行农村土地制度改革的重点不是改变土地所有制,而是完善两权分离机制。"[③]为此,有必要对土地产权制度做深入的理论解析,以明确坚持现有农村集体土地制度本身的内在合理性。

其次,从现有的有关农村土地流转问题研究的成果来看,存在着对"农村集体土地"的内涵和外延划分不清、土地流转的涵义解释存在歧义等问题,从而导致对规范和完善农村土地流转的建议和对策过于笼统而缺乏针对性。关于农村集体土地内涵和外延的界定上,有些区分为农用地、非农建设用地或称集体建设用地。而按照我国《土地管理法》的规定,"集体土地按照用途不同,可以分为农用地、建设用地和未利用地"。正是由于对集体土地的内涵和外延界定的不一致,引致对土地流转问题在同一标题的文献中研究内容的不同。有的是谈农地流转,有的是谈建设用地流转,有的统讲土地流转。而事实上,农用地和建设用地这两种不同性质和用途下的土地流转无论是国家相关法律所规定的流转方式还是对土地所有者和使用者的利益分配和权益保障以及对农业生产的影响等都存在着很大的差异。对土地流转的含义表述也有较大的差异。目前大

---

① 康雄华:《农村集体土地产权制度与土地使用权流转研究》,华中农业大学 2006 年博士学位论文。

② 肖冰:《农村土地产权制度改革思路比较及启示》,《世界经济情况》2007 年第 6 期。

③ 段进东、周镕基:《"虚拟所有权"与我国农地产权制度的创新》,《理论探讨》2004 年第 4 期。

致有三种主流的观点:所有权流转、使用权流转和土地用途流转。农村集体土地所有权流转是指由于国家征收或征用,使土地所有权由农民集体所有变为国家所有。根据我国现有的相关法律,农村集体土地所有权的流转仅仅限于建设用地的征收。农村集体土地使用权流转是指农民集体或农户个体将其所有或承包的集体非农建设用地或农用地通过出租、转让、转包、入股等多种形式让与他人使用的行为。农村集体土地用途流转是指农村集体农用地向集体非农用地转变,改变了土地利用方式。集体土地不同的流转方式,导致由此引起的收益分配的巨大差异。而收益分配是土地流转中的核心问题,也是导致各地在土地流转过程中不断出现各种矛盾的根源。尤其是在城市化工业化发展和商品房开发中的征地补偿和拆迁补偿已经引发了多起重大的事件,也成为影响农村稳定的重要因素。从集体土地使用权流转的现状来看,总体呈现农户承包地流转发展不足和集体非农建设用地流转发展失控的状态。正如商春荣、王冰[①](2004)所述,"两种不同用途的土地流转呈现出两种不同的景象:激而不活的农地流转与禁而不止的建设用地流转"。造成这种状况的根本原因从本质上说也是基于这两种不同性质和用途的土地流转中利益主体间利益博弈的必然结果,是"经济人"的理性表现。为此,有必要从界定农村集体土地的内涵和外延出发,重点对不同用途下的农村集体土地流转的各种方式及效应、相关的利益分配机制和农民权益保护等问题作深入的研究。通过制度分析和农户行为分析,从宏观和微观相结合的视角提出促进和规范农村集体土地流转及相关问题的更具操作性的对策建议。

1.2.2 国外研究评述

在国外土地经济学和土地法学的研究中,由于与我国有着不同的土地所有权制度基础,国外许多国家实行的是混合土地所有制,即国家所有、地方所有和私人所有并存的形式,其中私有土地制度占据主导地位,与我国土地的国家所有和集体所有制度有着本质的区别,因此很少使用土地流转这个词汇。而较多地研究土地的交易,其具体的形式有土地的买卖、租赁、抵押等。因此,可供实践操作借鉴的不多。但是土地作为一种生产资料,土地流转的实质就是一种产权的交易。所谓产权即指财产的权利,是以所有权为基础的包括占有权、使用权、转让权、处置权、受益权等的一组权利束。这种权利的转让和交易必然涉及财产的相关权利主体(所有者、使用者等)在市场交易过程中各自的权利和义务

---

① 商春荣、王冰:《农村集体土地产权制度与土地流转》,《华南农业大学学报(社会科学版)》2004年第2期。

边界以及相应的市场组织系统。而产权是需要界定的,用于界定产权并为人们所普遍接受的一整套行事规则就构成了制度。以凡勃伦、康蒙斯、米切尔等为代表的制度学派强调非市场因素(如制度因素、法律因素、历史因素、社会和伦理因素等)是影响社会经济生活的主要因素。以科斯、诺斯、阿尔钦和德姆塞茨等为代表的新制度经济学派形成的交易费用理论、产权理论、委托—代理理论、公共选择理论、制度变迁理论以及关于人的行为假定等相关的理论无不对我国的土地流转和土地制度的改革有着一定的指导意义,以至于制度研究成为研究中国土地流转问题的逻辑起点。

1.3 研究的目的和意义

农村土地流转是继农村家庭联产承包责任制后农村的又一制度创新。伴随着实践的推进,理论的纷争也日显纷呈。其中争论最为集中的就是中国农村的土地制度对土地流转绩效的影响,并进而有了多种关于农村土地制度改革的设想。面对纷繁复杂的理论和汗牛充栋的研究成果,通过耐心的梳理和细心的求证,借用相关的理论基础和分析框架,结合中国农地制度演化的历史和现实,合理评判中国农地的制度建构和正在进行的制度变迁,澄清目前对于农村土地产权制度改革的众多争议,从而为研究土地流转问题的制度环境奠定理论基础是本研究的目的之一。

农村集体土地按照用途分为农用地、建设用地和未用地。目前农村集体土地流转呈现"农用地流转激而不活,建设用地流转禁而不止发展失控"的现状。尽管国家对于农用地使用权流转采取积极的支持和鼓励政策,但农地使用权流转市场仍然发展缓慢。本研究在分析影响当地农地使用权流转宏观因素的基础上,以农户为考察对象,以农户参与土地流转的目的是为了通过土地流转能够获取更多的比较收益作为分析的基本假设前提,通过建立影响土地流出户和流入户流转行为和流转意愿的理论模型,揭示制约农用地流转的外生变量和内生变量,以期能够为加快农地使用权流转的发展提供一些政策启示是本研究的目的之二。

集体建设用地使用权流转一直是容易引起争议的话题,尽管要求流转的呼声日益强烈,公开的试点和隐性的流转也都在不断进行中。本研究运用产权理论揭示集体建设用地直接入市具有内在的合理性。针对集体建设用地流转的收益来源,合理确定各权益主体参与收益分配的原则,从而为集体建设用地使用权流转的解禁和缓解流转收益分配的矛盾提供一定的理论和政策启示是本研究的目的之三。

研究的理论意义在于以制度变迁理论为基础,从历史角度考察农村集体土地产权制度变迁的规律性,并分析不同时期农村集体土地产权制度的现实绩效并进而分析制度变迁的需求动因和供给可能,有助于加深对各种制度变迁选择模式的理论认识。运用所有制和所有制实现形式关系的理论,阐明现有的农村集体土地产权制度存在的合理性和深层原因,剖析其有效性和不足之处,揭示其未来的发展趋势和变革方向及路径选择。研究的实践意义在于:一是研究中对制度变迁的理论分析,尤其是提出集体土地产权制度变迁的方向和路径选择,可以指导集体土地产权制度的改革实践。二是通过将不同性质和用途的农村集体土地(农用地、建设用地、未用地等)流转,不同内容(所有权和使用权)的流转以及由此产生的利益分配和权益主体利益保障结合起来分析和论证,从而有益于克服现有研究中存在的对集体土地的内涵和外延区分模糊或不加区分,土地流转的具体内容指代不明而导致的种种不足,以使对这一问题的研究更为全面,提出的规范和完善土地流转方式及利益分配的对策也更具针对性和操作性。通过对典型地区的实地调研,了解当前农户承包地流转的现状及存在的主要问题,明确农户承包地流转行为和意愿的影响因子,为制定相关对策提供依据。

1.4　研究的方法和思路

1.4.1　研究的方法

(1)定性分析与定量分析相结合的方法。首先,对农村土地流转制度所涉及的经济和社会关系的基本性质与特点作出基本判断。与此同时,也要对其量的表现和变化规律进行具体分析,并把两者密切结合起来,进而找出解决问题的正确途径。在对量的分析中,考虑到相关的数理分析模型与调查数据之间的偏差及模型本身的约束性条件,因此,我们主要是结合调查所获的数据,重点进行面上的分析和解释,而并未运用统计学的方法对数据进行模型的论证。这是本课题研究方法中存在的不足。

(2)问卷调查法。通过设计调查问卷,就土地流转中涉及的相关问题开展问卷调查,并整理分析调查结论,以获取较为真实的第一手资料,并从中归纳出一般性的规律。

(3)实证分析法。通过实地调研,了解当地土地流转的现状即存在的主要问题,并选择处于不同地域(城郊与偏远地区的对比)、不同经济发展水平(当地二、三产业较为发达、工业化程度较高与主要以农业种植业为主、经济欠发达地区的对比)、不同就业方式农民群体(常年外出务工或经商的农民与主要在家从事家庭农业生产的农民的对比)等,考察其土地流转的主观意向度、对土地流转方式的选择、流转收益分配的具体办法及效应,从而有利于在充分遵循农民意愿的前提下,根据不同情况选择适应当地经济社会发展水平的土地流转方式,妥善协调和处理好国家、集体和农民个人的利益,最大限度地保障农民的权益。

(4)访谈调查。除了大规模的抽样问卷调查外,笔者还进行了广泛的走访式调查。通过走访面谈,一方面可以更为真实地了解实际情况以弥补问卷调查可能存在的信息失真;另一方面能够得到更生动具体的典型个案,而这些个案虽然并不一定具有普遍性,也难以得出关于某一现象的一般性结论,但往往可能是矛盾较为尖锐以至于影响整体问题解决的关键节点。因此,这种方法可以达到其他方法难以达到的深度和效度。

1.4.2 研究的思路

本研究将遵循阐明原理—解释概念—提出问题—研究分析问题—提出对策建议的思路展开。首先从理论上阐述产权制度的一般原理,因为土地流转从本质上讲就是一种财产产权的交易和流转。因此,产权制度及其交易的理论也就成为研究土地流转问题的理论基础。界定农村集体土地的种类,进而分析不同用途和性质的土地流转方式的现实适应性以及在流转过程中存在的问题和矛盾。通过实地的调研和实证的分析,揭示影响农村土地流转的各种因素及其效应,进而提出解决我国现有农村集体土地所有权制度下的不同性质和用途的农村集体土地流转的模式选择及权益主体利益分配和权益保障等的对策建议。

1.5 内容结构和主要创新点

1.5.1 内容结构

本课题主要运用理论和实证的分析,对当前农村土地流转的现状、动因、影响因素、制度环境等进行考察和研究,旨在提出完善农村土地流转的相关对策和思路。围绕着这一研究目标,主体内容分为七章。第一章为绪论,简要讨论选题的背景及研究的目的、研究的理论和实践意义,在分析就这一问题已有研究存在的不足的基础上,提出本研究的目标、思路和方法。第二章重点讨论制度、制度创新和制度变迁等一般原理,从而为研究土地流转问题提供基本的理论基础。通过对新中国成立以后我国农地制度安排的演化轨迹的考察,揭示农地制度变迁和创新的原因及其产生的相应绩效。针对目前理论界关于我国土地制度变迁的种种争论,运用产权理论的一般原理,提出我国农村土地制度变迁的路径选择。第三章主要介绍土地流转的概念、类型,土地流转的原因,影响土地流转的因素,从而使后续的研究建立在回答了"是什么"和"为什么"的基础上来更好地解决"怎么做"的问题,使研究内容的安排更具逻辑上的严密性。此外,如何正确看待土地流转的效应,也是研究土地流转问题中一个十分重要的方面。理论界普遍认为,家庭承包责任制下的土地按户承包分散经营导致的土地产出效率低下是促进土地流转实现规模化经营并进而提高土地产出效率的根本动因和有效手段。但是通过考察不同时期土地规模化经营与提高土地效率之间的相关性发现,土地流转与提高农业效率之间的关系也并不是单向和直接的,即土地流转只是提高农业效率的一个基本条件。而土地能否顺利流转及流转的规模和形式,又要取决于农业劳动力转移的速度及相关社会化保障体系完善的程度。这也是造成不同地区、不同经济发展水平之下的土地流转在规模、形式和进程等方面都存在着很大区别的根本原因。为此必须正视土地流转的效应,在充分尊重农民意愿的基础上不断完善有利于促进农村土地流转的相关外在体制和机制环境。针对我国目前总体上已经进入工业反哺农业、城市支持农村,以及建设社会主义新农村的特定历史发展阶段,将土地流转放在城乡统筹的视域下考察,从公平的视角提出了在实行城乡统筹,撤除长期以来通过强制性的制度设计使农村土地承担了本应由国家提供的农民的就业、养老、医疗等社会保障功能的藩篱后,对进城农民放弃的土地应当实行国有化取向的流转制度改革的政策设想。第四、第五章是本课题研究的核心内容。其中第四章重点研究农用地流转。在我国现有的农村土地制度下,农用地的流转主要是指土地承包经营权的流转。介绍现有的承包经营权流转的类型,分析影响农民承包地流转的因素及其所产生的效应。通过对杭州余杭区闲林镇农户土地承包经营权流转的实地调研,以个案研究揭示目前农户土地承包经营权流转中存在的问题及发展趋向,以达到一斑观全豹的效果。第五章是关于建设用地的流转。这是目前农村集体土地流转中争论最多矛盾最为集中的流转形式。本章从界定建设用地的基本概念、建设用地流转的形式开始,分析现有农村集体建设用地流转的相关法律规定与建设用地流转现实之间的矛盾和冲突,提出修改现有农村集体土地征用的相关法律,完善集体建设用地流转收益分配机制等政策建议,并重点对农村宅基地流转问题进行了分析。第六章简要介绍未用地流转。目前,农村中的未用地一般是指属村集体经济组织或国家所有的荒山、荒沟、荒滩、荒水等未利用的土地。由于土地价值的发现和企业的改制，使得农村中的"四荒地"以各种不同的方式被经营和开发。这不仅有利于对土地的有效利用，盘活土地的价值，也有利于解决社会的就业。不少地方出现城市企业下岗职工到农村承包经营"四荒地"的现象。按照国家相关法律规定，承包方对承包的"四荒地"只享有开发经营权，不具有所有权。"四荒地"可以采用租赁、承包、拍卖等方式流转。通过对现实中"四荒地"流转存在的问题及原因的分析，提出完善四荒地流转的基本对策设想。第七章对本课题的研究作简要的归纳与总结，并提出研究中存在的不足及后续研究的方向。

1.5.2 主要创新点

（1）突破了以往研究中关于农村土地产权问题的相关观点，认为维持现有的农村集体土地产权制度即"以农村土地集体所有制为基础，以家庭联产承包责任制为核心的集体土地经营制度"，固然有我国特定社会制度和国家出于节约制度变革成本和维护社会稳定的考虑而限制制度变迁供给可能的原因，但从产权理论本身的内涵剖析也有着理论上的内在合理性。

（2）从界定农村集体土地的内涵和外延出发来研究土地流转问题。通过对不同类型（农用地、建设用地）的农村集体土地流转的各种方式（所有权流转、使用权流转）及产生的效应等方面的深入研究，进而有针对性地提出不同性质和用途、不同流转方式下的农村集体土地流转的对策建议。在研究方法上既注重理论的分析和论述，也重视实地的调研和实证的研究。

（3）将农村集体土地流转置于城乡统筹的视域下考察，更凸显土地作为一种生产要素在社会经济发展中的重要性。城乡统筹是中国现代化进程中为解决历史和体制遗留而作出的重大战略安排。而城乡生产要素的流动是统筹城乡发展的基础。土地是农村和农民所掌握的最基本和最重要的资源和要素，因此，城乡统筹进程中必然涉及农村土地与城市资本和技术的结合以及依附于土地上的农民职业与身份的转变。本研究认为，现阶段城乡统筹的实质就是要求政府提供可供城乡居民理性和自由选择的与生产要素结合的路径以实现农民与市民同等的国民待遇。政府的职责就在于提供公平的选择机会和透明公正的程序。在城乡统筹视域下，农民以土地换户口进而换保障具有公平意义上的逻辑合理性。同时，对进城农民放弃的土地实行国有化取向的流转制度改革是有效的选择，并且针对不同的土地类型提出了具体的运作方法。

2 中国农村土地制度的演变

2.1 制度、制度创新与制度变迁

2.1.1 制度的概念与内涵

据《辞海》解释,制度一词有着众多的含义。其一是指要求成员共同遵守的、按一定程序办事的规程;其二是指在一定的历史条件下形成的政治、经济、文化等方面的体系;其三是指政治上的规模法度。而学界也从不同的研究领域对制度作出了多重解释,其中制度经济学着重于通过研究制度对于经济行为和经济发展的影响,以及经济发展如何影响制度的演变而备受关注并成为经济学中的一门重要的分支。以科斯(R. H. Coase)、诺斯(D. C. North)、威廉姆森、德姆塞茨、张五常等为代表的新制度学派对制度、产权制度、制度变迁等概念的解释和论述也成为人们理解制度理论的基本观点。如诺斯认为,"制度通常被定义为一组行事规则的集合,这些规则与社会、政治和经济活动有关,支配和约束社会各界的行为"[①];"制度是一系列被制定出来的规则、守法秩序和行为的道德伦理规范,它旨在约束追求主体福利或效用最大化利益的个人行为,他提供了人类相互影响的框架,建立了一个社会,或更确切地说一种经济秩序的合作与竞争关系"[②]。林毅夫认为:"制度可以被定义为社会中个人所遵循的行为规则,它可以设计成人类为对付不确定性和增加个人效用的手段,与此有关的制度安排是指管束特定行动模型和关系的一套行为规则,它可以是正式的,也可以是

---

① [美]道格拉斯.C.诺斯:《制度、制度变迁与经济绩效》,刘瑞华译,上海三联书店 1994 年版。
② [美]道格拉斯.C.诺斯:《经济史中的结构与变迁》,陈郁、罗华平译,上海三联书店、上海人民出版社 1994 年版,第 225－226 页。

不正式的;制度结构则是指一个社会中正式的和非正式的制度安排的总和。"[①] 拉坦(V. W. Ruttan)认为:"由于一个组织所接受的外界给定的行为规则是另一个组织的决定或传统的产物,因而制度概念包括组织的定义。"[②]舒尔茨(T. W. Schultz)认为:"一种制度可以被定义为一种行为规则,这些规则涉及社会、政治、经济行为。"[③]张宇燕认为:"制度的本质内涵不外乎两项:习惯和规则。"[④]按照 Davis 和 North 的划分方法,"根据所要研究的问题,又可以将制度划分为两个范畴:制度环境(institutional environment)和制度安排(institutional arrangement)"[⑤]。制度环境是一系列基本的经济、政治、社会及法律规则的集合,它是制定生产、交换以及分配规则的基础。例如,支配选举、产权和契约权利的规则就属于社会制度环境的范畴。制度环境一般体现在一国的宪法当中(所以也被称为宪政秩序),并且一般不易被改变。特别是在一个既定的社会形态内,它作为实现一定的政治理想的工具,一般不易发生激变而只能发生旷日持久的渐变(革命引起的制度环境改变除外)。因此,新制度经济学一般把制度环境视为制度变迁模型的外生变量(我们今天所说的改革或制度创新,实际上也是把社会制度或宪政秩序作为外生变量)。总之,"制度环境可以说是对于可供人们选择的制度安排的范围,设置了一个基本的界限,从而使人们通过选择制度安排来追求自身利益的增进受到特定的限制"[⑥]。在这些规则中,支配经济活动、产权和合约权利的基本法则和政策构成了经济制度环境。制度安排是支配经济单位之间可能合作和竞争的规则的集合。例如,市场制度、公司制度、计划体制、用工合同制、经营承包制、各种行业自律制度、各种工作规章制度,以及其他各种具体的奖勤(优)罚懒(劣)的规定,等等,都可以说是一定制度环境(基本经济制度)约束下的制度安排。制度安排可以是正式的,也可以是非正式的;可以是暂时的,也可以是长期的;可以是由社会全体决定或国

---

① 林毅夫:《关于制度变迁的经济学理论:诱致性变迁与强制性变迁》,载《财产权利与制度变迁——产权学派与新制度经济学派译文集》,上海三联书店、上海人民出版社 1994 年版,第 375、377—378 页。

② [美]V. W. 拉坦:《诱致性制度变迁理论》,载《财产权利与制度变迁——产权学派与新制度经济学派译文集》,上海三联书店、上海人民出版社 1994 年版,第 329 页。

③ 参见[美]J. W. 舒尔茨:《制度与人的经济价值的不断提高》,载《财产权利与制度变迁——产权学派与新制度经济学派译文集》,上海三联书店、上海人民出版社 1994 年版,第 253 页。

④ 张宇燕:《经济发展与制度选择——对制度的经济分析》,中国人民大学出版社 1992 年版,第 120 页。

⑤ Davis L. , D. C. North. Institutional Change and American Economic Growth. Cambridge Cambridge University Press,1971.

⑥ 转引自樊纲:《渐进式改革的政治经济学分析》,上海远东出版社 1996 年版。

家规定的,也可以是由少数人决定的或私人商定的。一项新的制度安排的功能与作用在于:给制度内部成员提供一种在制度安排外部不可获得的利益,防止外部成员对制度安排内部成员的侵害并协调社会组织之间的利益冲突,防止组织内部成员的机会主义行为或"搭便车"行为,为使内部成员形成稳定的制度预期和提供一个持续的激励机制创造条件,并在上述这些因素的基础上降低组织内部和组织之间的交易费用(如组织内耗和组织之间的扯皮等)。可见,制度安排的功能和作用主要是激励与约束;而约束机制不过是激励机制的背面(反向激励),因此可以认为制度安排的主要功能是提供一种激励机制(如物质奖励、职位升迁、社会声誉等)。

从上述引用的有关制度的定义中,我们可以得到下列启示:第一,制度与人的行为有关,是人们在特定条件下选择的结果,同时它又对人们的行为产生一定的影响作用,"制度的建立是为了创造出动力和约束的结构,以引导人们采取可预测的因而是有秩序的行为"①。第二,制度可以借助于一定的形式加以体现,这些形式通常可以分为正式规则和非正式规则;在有关文献中,常把正式规则和非正式规则称为正式约束(正式制度安排)和非正式约束(非正式制度安排)。从制度(规则)是约束人们行为这一点来考虑,两者之间是可以通用的。正式规则(正式约束 formal constraints)是人们有意识地创造的一系列政策、法则,包括政治规则、经济规则和契约及由这一系列规则构成的一种等级结构,从宪法到成文法和不成文法,到特殊的细则,最后到个别契约,它们共同约束着人们的行为;非正式规则(非正式约束 informal constraints)是人们在长期交往中无意识形成的具有持久生命力的并构成世代相传渐进演化的文化的一部分,包括价值信念、伦理规范、道德观念、风俗习性、意识形态等。第三,制度与组织有密切的关系,借用诺斯的语言,"制度是社会游戏的规则,组织是社会游戏的角色"②。离开了组织,制度就无存在之必要;没有了制度,组织在进行社会游戏时就处于无序状态。

据此,可以对制度作出如下的定义:"制度是人类在特定条件下选择的、与人类行为有关的并借以影响人们相互关系的正式规则和非正式规则的总称。"③

不难理解,根据制度发挥作用的领域不同可将制度分为经济制度、社会制

---

① 参见[美]文森特·奥斯特罗姆:《隐蔽的帝国主义、掠夺性的国家与自治》,载《制度分析与发展的反思——问题与抉择》,商务印书馆 1992 年版,第 45 页。

② 参见[美]道格拉斯.C.诺思:《制度变迁理论纲要》,载北京大学中国经济研究中心:《经济学与中国经济改革》,上海人民出版社 1995 年版,第 2 页。

③ 钱忠好:《中国农村土地制度变迁和创新研究》,中国农业出版社 1999 年版。

度、法律制度等,这些在特定领域内发挥作用、支配和影响特定行为的制度就是所谓的制度安排。由这些制度安排组成的有机整体构成一个特定社会、特定历史条件下的社会经济制度即制度结构。

2.1.2 制度创新

由于制度规定和约束了人的行为,而人的行为又影响经济绩效,当原有的制度安排和制度结构影响到人们对额外利益的追求时,就会产生变革原有制度的要求,即制度创新。因此所谓制度创新按照兰德·戴维斯(L. E. Davis)和道格拉斯·诺斯的表述,是指"能够使制度创新者获得追加或额外利益的对现有制度的变革"[1]。而速水—拉坦则将制度创新归结为为了促进人们交往时形成合理预期。[2] 拉坦借助于制度与组织的概念,对其作出了三个层次的理解:一是一种特定组织的行为的变化;二是这一组织与其环境之间相互关系的变化;三是在一种组织的环境中支配行为与相互关系的规则的变化。制度在相当时期中是稳定的,但像技术一样,如果要发展,制度也必须变革。通过克服产生于要素禀赋、产品需求和技术变革的不均衡而使预期潜在的利益得以实现,是对制度变革的一个强有力的诱导。因此,对利润的追求和预期的不确定性的发生就成为制度创新的动力和源泉。

2.1.3 制度变迁

"制度变迁是指制度的替代、转化与交易的过程。制度变迁可以视为对现有制度(起点模式)转变为另一种效益更高的制度(目标模式)或是目标模式对起点模式的替代。"[3]制度创新和制度变迁总是源于一定的社会团体或组织的潜在需求。而制度创新的要求能否通过制度变迁得以实现,则还要有赖于制度供给。一个社会由特定的政治团体或权力机构通过一定的程序自上而下设计出来的正式的规则如宪法、法律、契约等,往往成为对所有社会成员具有共同约束力的制度供给。而潜在的制度需求和供给,能否转化为实际的制度需求和供给关键在于制度的交易成本。"如果制度的交易成本过高,潜在的制度需求与供给就不可能转化为实际的制度需求与供给,一定的制度非均衡状态就有可持续

---

① 张宇燕:《经济发展与制度选择》,中国人民大学出版社 1992 年版,第 187 页。

② [日]速水佑次郎、[美]弗农·拉坦:《农业发展的国际分析》,郭熙保、张进铭译,中国社会科学出版社 2000 年版。

③ 卢现祥:《西方新制度经济学》,中国发展出版社 1996 年版,第 71 页。

性。"[①]"至于采用什么方式克服的降低制度成本,应该以市场交易和政府交易都是以平等人之间的同意为前提。[②] 因此,受制于一个社会利益集团之间的权力结构和社会偏好结构,制度变迁一般通过两种方式进行——强制性制度变迁和诱致性制度变迁。前者是"由政府命令和法律引入实行的"制度变迁,后者是"由一个人或一群人,在响应获利机会时自发倡导、组织和实行的"制度变迁。[③]而制度变迁方式的选择将取决于政治团体或权力机构,即政府与市场主体力量的对比。

2.1.4　制度创新与制度变迁的关系

制度创新与制度变迁往往是联系在一起的。对于两者之间的关系,从其概念上讲尽管都有引起制度变革、变化之意,以至于人们在使用这些词语时,它们也经常被等同起来[④],但是通过对大量新制度经济学文献的查阅和总结,认为两者之间存在区别与联系[⑤]。

第一,制度变迁是指制度的改变、变化、改进、交易等,而制度创新是指制度的革新、改革。制度创新可能会导致制度的变迁,但并不必然导致制度的变迁。

第二,制度变迁总是以制度创新为开端的,或者说制度变迁中总是伴随着一系列制度的创新,这也许是两词经常被混用的原因。

第三,正如制度的定义,制度通常是由一整套行为规则组成的,并且这些行为规则中有一个核心的规则,那就是产权。那么在组成制度的这些若干行为规则中,任何一个行为规则的变化我们都可以称之为制度创新,而只有核心的行为规则发生变化时才可以称之为制度变迁。因此,制度变迁的结果是产权得到重新界定。

第四,制度安排的创新具有层次性。制度安排分为三个层次:个人、自愿联合团体和政府。按照主体的不同将制度分为三类:由个人独自推进然后大家"仿效"的制度;大家自愿联合形成的制度;政府强制推行的制度。个别创新者可以很容易地抓住创新之弊端所带来的获利机会。而联合团体如果想把握这

---

① 苗壮:《制度变迁中的战略改革选择问题》,载盛洪主编:《中国的过渡经济学》,上海三联书店 1994 年版,第 95 页。

② 张红宇:《中国农村的土地制度变迁》,中国农业出版社 2002 年版。

③ 林毅夫:《关于制度变迁的经济学理论》,载刘守英译:《财产权利与制度变迁》,上海三联书店 1991 年版。

④ 钱忠好:《中国农村土地制度变迁和创新研究》,南京农业大学博士论文,1999 年,第 50 页。

⑤ 参见卢吉勇:《农村集体非农建设用地流转创新研究》,南京农业大学硕士论文,2003 年,第 20 页。

一机会可能会另外付出组织成本,因为团体的自愿安排则要求一致同意,但一致同意又十分困难。为此它就不得不重新开展收益费用计算,只有当收益大于成本时,制度创新才可以在这一层次上形成。政府层次上的制度创新,它是建立在社会收益和费用计算基础上的。在政府推行的制度安排中存在强制服从成本,无论是否赞成,每一个人都必须服从政府规则。因此只有在最后的政府层次上,或是说国家层次上,制度创新的内涵才可以转变为制度变迁。

2.2 制度的绩效

正如以上所述,不同的制度安排提供了约束或激励人们行为的机制,从而对经济增长和社会财富的增长产生重大的影响。经济学自其产生之日,就是关于如何管理财富的学问。在资本主义生产方式产生之前,其主要涉及的就是如何管理家庭财富。如古希腊思想家色诺芬的《经济论》,论述的是奴隶主如何管理家庭农庄,如何使具有使用价值的财富得以增加。随着社会分工和财富的增长,其对财富的管理也由家庭转向了对社会财富的管理。经济学的英语Economics 是由希腊文 o ἶκος [oikos]而来,意思是家庭、家族、财产权(family, household, estate)以及 ν ὀμος [nomos],意思是规则或法律(custom, law)组成,因此从组字上来看经济学就是指家族管理(household management)或是政府的管理。

随着资本主义生产方式的确立和发展,相应地出现和形成了资产阶级经济学。在资本主义发展的不同时期先后出现和形成了众多的经济学流派和代表性的人物。现代经济学研究的基本内容就是一个社会如何利用稀缺的资源以生产有价值的物品和劳务,并将它们在不同的人中间进行分配。其目的就在于努力增加社会的财富提高人类的物质生活水平。那么财富的增长或者说经济的增长究竟是由什么引起的。如何才能更有效地促进经济的增长,增加社会的财富?按照投入产出的一般原理,要获得财富的增加或经济的增长首先必须投入一定的资源或称生产要素,因此土地、劳动和资本等资源禀赋就成为经济学研究的基本对象和经济增长的基本前提。但是相对于人们无穷无尽的欲望而言,自然界和社会所能提供的资源总是稀缺的,资源的稀缺性是经济学分析的前提。那么如何提高资源的配置和使用效率?在古典经济学家亚当·斯密的经济理论中,经济增长是以劳动分工深化为基础的社会经济结构演进的自动结果,分工深化导致技术进步和生产率的提高,从而导致经济增长。根据斯密的分析,分工既可以促进"人力资本"的积累,又能促进"物质资本"的积累;一个国家的产业和劳动生产率的提高程度,与该国的分工程度成正比。[①] 马克思认为,劳动生产率随分工的不断增进而不断上升,分工深化导致劳动专业化、产品多样化和部门复杂化,导致生产迅猛增长和资本迅速增值,并与单个资本家对超额利润或超额剩余价值的追求紧密结合在一起。[②] 在现代经济增长理论中,哈罗德—多马模型强调了资本积累对经济增长的促进作用。哈罗德模型的基本公式是:$G = s/c$。在上式中 G 代表国民收入增长率,即经济增长率。s 代表储蓄率,即储蓄量在国民收入中所占的比例。c 代表资本—产量比率,即生产一个单位产量所需要的资本量。根据这一模型的假设,资本与劳动的配合比率是不变的,从而资本—产量比率也就是不变的。这样,经济增长率实际上就取决于储蓄率。在资本—产量比率不变的条件下,储蓄率高,则经济增长率高。储蓄率低,则经济增长率低。可见这一模型强调的是资本增加对经济增长的作用,分析的是资本增加与经济增长之间的关系。索洛(R. M. Solow)[③]则认为,从长远的角度来看,不是资本的投入和劳动力的增加而是技术的进步才是经济增长最根本的因素。可见在传统经济学中,土地、资本、劳动力等资源禀赋是经济增长必要的物质基础和前提,技术进步是提高资源使用效率的基本手段。此外,在经济增长的过程中,人的主观偏好决定了他们的行为选择,而人们不同的行为选择又影响经济绩效。因此,带约束条件的选择行为成为经济学研究的中心。"天赋要素、技术和偏好"也就成为传统经济学的三大柱石。

在社会的运行系统中,人的行为总是受一系列的制度或规范约束的。新制度经济学在人的行为有限理性假设的前提下,着重探讨了由于信息不对称、交易费用、外部不经济等使得机会主义或"搭便车"盛行,从而降低了整个社会资源配置的效率并进而影响经济增长的绩效。因此,有效的制度安排及其实施,可以充分发挥其激励功能,约束人们的最大化行为,减少社会的无序现象和利益冲突,降低整个社会制度运行的交易费用。与技术创新及其应用会带来技术性效率一样,合理的制度安排及其有效的实施机制也会带来制度效率或制度绩效。正如戴维·菲尼指出的那样,"天赋要素的增加显然有助于提高物质生活水平,但人均投入量的增加只能说明人均产出量增长中一小部分的原因,技术

---

① 参见[英]亚当·斯密:《国民财富的性质和原因的研究(上、下集)》,郭大力、王亚南译,商务印书馆 1974 年版。

② 参见[德]马克思:《资本论》第 1 卷,第 4—5 篇的有关内容,人民出版社 1975 年版。

③ 参见[美]罗伯特.M.索洛:《经济增长理论:一种解说》,胡汝银译,上海三联书店、上海人民出版社 1994 年版,第 4 页。

变化固然是经济增长的主要原因,然而就技术变化过程而言,人们认识到了无论就导致技术变化来说,还是就使人们具有认识到这种变化所蕴含的潜在利益的能力来说,制度所起的作用都至关重要"①。因此,诺斯指出,一种提供适当个人刺激的有效的制度才是促进经济增长的决定性因素,在技术没有发生变化的情况下,通过制度创新也能实现经济增长,"有效率的经济组织是增长的关键因素;西方世界兴起的原因就在于发展一种有效率的经济组织。有效率的组织需要建立制度化的设施……使个人收益率不断接近社会收益率"②。正是由于制度对经济增长绩效的影响,使其成为继传统经济学的三大柱石:天赋要素、技术和偏好后的第四大柱石。随着制度经济学的发展特别是新制度经济学的出现,使人们越来越赞成将制度在一个更大范围的理论框架里成为内生变量,并在这个框架内引入新的内容,如信息、交易费用、产权约束、公共选择、集体行动等,考察引起制度变迁和创新的原因,分析制度创新所带来的效应。土地流转作为与我国经济社会等制度环境相适应的新的土地制度安排,必将对我国农村乃至整个国家的经济社会发展产生重大的影响,因此研究土地流转问题也就不能不研究我国农村土地制度问题。

2.3 新中国成立以后的农村集体土地制度变迁及其效应

2.3.1 土地制度的概念

对土地制度概念的理解,随着客观的外在制度环境的演化和对具体问题研究的不同视域,存在着广义和狭义两方面的内涵。广义的土地制度是指包括一切土地问题的制度,是人们在一定的社会经济条件下,因土地的归属和利用问题而产生的所有土地关系的总称。因此,广义的土地制度包括了土地所有制度、土地使用制度、土地规划制度、土地保护制度、土地征用制度、土地税收制度和土地管理制度等。狭义的土地制度仅仅指土地的所有制度、土地的使用制度和土地的国家管理制度。在新中国成立后的一个很长的历史时期内,由于特定的历史原因,在人们的传统观念上,习惯把土地制度理解为狭义的土地制度。

---

① 参见[美]戴维·菲尼:《制度安排的需求与供给》,载[美]V.奥斯特罗姆、D.菲尼、H.皮希特编:《制度分析与发展的反思——问题与抉择》,王诚等译,商务印书馆1992年版。

② 参见[美]道格拉斯.C.诺斯等:《西方世界的兴起》,张炳九译,学苑出版社1988年版。

改革开放特别是实行社会主义市场经济以后,随着我国社会经济制度的不断变化和发展,人们对我国土地制度含义的理解也不断深化和发展。在重视土地所有制度、土地使用制度、土地的国家管理制度的同时,更增强了对新形势下由新的土地关系所产生的新的土地制度的关注程度,诸如土地利用制度、土地流转制度、耕地保护制度、土地用途管制制度,等等。迄今为止,我国理论界对"土地制度"的定义也存在着不同的理解,争议颇多。钱忠好在《中国农村土地制度变迁和创新研究》一书中对此作了归纳和总结,①认为具有代表性的看法有以下几种:

(1)把土地制度等同于土地所有制,又把土地所有制等同于土地关系。例如,在陈道主编的《经济大辞典·农业经济卷》中,土地制度被定义为:"土地制度亦称'土地所有制',人类社会一定发展阶段中土地所有关系的总称,是生产资料所有制的一个重要组成部分,包括土地的所有、占有、支配和使用诸方面的关系。"②

(2)把土地制度等同于土地关系。马克伟认为,土地制度是"人们在一定社会条件下,因利用土地而产生对土地的所有、占有、使用、处分等诸方面关系的总称。土地所有制即土地使用制度是土地关系中的最重要的两大方面"③。与此定义相类似的有:张朝尊认为,"人们在对土地的占有、支配和使用过程中所形成的各种关系的总和就是土地制度"。"土地制度包括土地所有权关系和土地使用权关系两大方面,它的核心是产权,本质是土地所有制。"④李宗轩认为:"土地制度是指一定社会经济条件下的土地关系的总和,包括土地产权制度(土地所有权与使用权)、土地流转制度(土地出租、抵押等)、土地社会管理制度(规划、开发、行政干预、土地税收、地租等)。"⑤周诚认为:"土地制度是土地关系的总和,反映了人与人之间的经济关系,是一种经济制度,是经济基础的组成部分;另一方面,土地制度又是一种法律制度,是土地经济关系在法律、法规上的体现,是上层建筑的组成部分。在土地经济制度和土地法律制度之间存在辩证关系。"⑥

(3)土地制度是与土地有关的社会经济制度。周诚认为:"土地制度有广义与狭义之分。广义的土地制度包括有关土地问题的一切制度,诸如土地利用方

---

① 详细内容参见钱忠好:《中国农村土地制度变迁和创新研究》(中国农业出版社1999年版)一书中第一章第二节第三目"土地制度及其功能"的相关内容。

② 参见陈道主编:《经济大辞典·农业经济卷》,上海辞书出版社、农业出版社1983年版,第23页。

③ 参见马克伟:《土地大辞典》,长春出版社1991年版,第80—89页。

④ 参见张朝尊主编:《中国社会主义土地经济问题》,中国人民大学出版社1991年版,第27页。

⑤ 参见李宗轩:《完善农村土地制度的构想》,《咨询与决策》1990年第3期。

⑥ 参见周诚:《土地经济研究》,中国大地出版社1996年版,第95—96页。

面的土地开发制度、土地规划制度……土地所有和使用方面的土地分配制度、土地承包制度……土地价值方面的地租制度、地价制度……此外,还包括国家的地籍管理制度、土地征用制度等……狭义的土地制度则只涉及土地所有制、土地使用制和土地的国家管理三大方面。"①与此观点相类似的有:陈宪认为,土地所有权制度、土地经营权制度、土地流转制度和土地管理制度构成土地制度的基本内容或基本要素。②

(4)土地制度是法权制度。刘书楷认为:"土地制度是一定的国家制定的关于人地关系及其中人与人关系的法制规范,它具有强制约束性。"③此外,刘书楷在其主编的《土地经济学》④一书中指出,广义的土地制度指由国家社会制定的人们共同遵守的土地利用法规和政策,狭义的土地制度是土地所有制。这可以从两个角度作出解释:一是从经济关系上,土地制度(土地所有制)是一定社会制度下的土地所有关系的总和;二是从法制权能关系上,土地制度(土地所有制)是一种财产权。

(5)土地制度是由土地所有制度和土地产权制度两个部分组成。高尚全认为:"土地制度包括上述两个基本制度,土地所有制度主要解决土地归属问题,它要明确土地所有权主体;土地产权制度涉及土地如何利用和有效使用问题,主要包括土地使用、土地流转和转让制度。土地所有制度决定了生产过程中形成的人们之间的生产关系,土地产权制度决定了土地使用过程中各种利益主体之间的权责利关系。"⑤

(6)土地制度是一种行为规范。冯玉华认为:"土地制度是人们占有和使用土地的行为规范,它是人类在一定的社会发展阶段建立的理想的土地关系。""人们的全部土地关系可以概括地分为人们对土地的使用关系和所有关系……土地制度也分为土地使用制度和土地所有制两部分,前者主要针对怎样对土地加以利用的问题,后者主要针对怎样分配土地即地权问题……土地制度就是规定土地利用的方式和明确地权的归属。"⑥

综观以上关于土地制度的众多解释,根据本课题研究的内容,我们将土地

---

① 参见周诚主编:《土地经济学》,农业出版社 1989 年版,第 140 页。

② 参见陈宪:《农村土地制度的改革目标与阶段性选择》,《江西农村经济》1989 年第 4 期。

③ 参见刘书楷:《纵论近代现代世界各国土地制度改革理论研究的趋势》,《中国农村经济》1992 年第 2 期。

④ 刘书楷主编:《土地经济学》,农业出版社 1996 年版,第 237—238 页。

⑤ 高尚全:《土地制度改革的核心是建立新型的产权制度》,《经济研究》1991 年第 3 期。

⑥ 参见冯玉华:《中国农村土地制度改革理论与政策》,华南理工大学出版社 1994 年版,第 6 页。

制度定义为:"受一个国家在一定社会和历史阶段基本经济制度制约的以土地的所有权为基础有关土地的使用、占有、转让、处分、收益等方面关系的制度安排。"①

2.3.2 新中国成立后我国土地制度的历史沿革和变迁

新中国成立后伴随着我国社会基本经济制度的确立,我国的土地(此处主要指农村农业生产用途的土地)制度大致经历了三个阶段的历史沿革和变迁。

第一阶段:新中国成立之初到农业合作化运动之前(1949—1952 年)。

1949 年 10 月,伴随着新中国的诞生,我国社会的性质也由半殖民地半封建社会转变为新民主主义社会,从根本上废除封建的土地剥削制度,实行耕者有其田,也成为新民主主义社会的主要任务和目标之一。为此,1950 年 6 月 28 日,中央人民政府委员会第八次会议通过了《中华人民共和国土地改革法》(以下简称《改革法》),决定在全国范围内开展土地改革运动。该法规定:"废除地主阶级封建剥削土地所有制,实行农民的土地所有制,借以解放生产力,发展农业生产,为新中国的工业化开辟道路。计划用两到三年的时间,基本完成全国的土地改革。"《改革法》第三十条还规定农民对拥有的土地"有权自由经营、买卖和出租"。从 1950 年起,全国广大地区分期分批开展土地改革运动,1952 年年底,全国范围内的土地改革运动基本完成,农村按人口平均分配土地。3 亿多无地少地的农民分得 7 亿多亩土地及大批的生产和生活资料,使翻身得解放的亿万农民第一次真正拥有了属于自己的土地财产,也使我国农村的土地制度实现了由封建地主土地私有制向个体农民土地私有制的过渡。以"耕者有其田"为特征的农民土地私有制,彻底摧毁了旧中国以地主阶级土地私有为基础的封建剥削制度的基础,极大地调动了广大农民的生产生活积极性,促进了农村经济和社会的发展。据统计,到 1952 年年底土地改革完成,全国粮食产量为1639.2 亿公斤,比新中国成立前最高年份高出 9.28%,是 1949 年的 1.45 倍;棉花产量为 13.1 亿公斤,比新中国成立前最高年份高出 53.59%,是 1949 年的2.94 倍;大牲畜总头数为 7646 万头,比新中国成立前最高年份高出 6.92%,是1949 年的 1.27 倍;水产品产量为 16.7 亿公斤,比新中国成立前最高年份高出11.33%,是 1949 年的 3.71 倍。从人均粮食占有量看,1952 年为 285 公斤,比1949 年增长将近 1/3,农民购买力也得到显著提高,1951 年农民购买力比上年增长 25%以上。"一年够吃,两年添置家具,三年有富裕"是当时农民生活的真

---

① 钱忠好:《中国农村土地制度变迁和创新研究》,中国农业出版社 1999 年版,第 54 页。

实写照。[①]

第二阶段：农业合作化运动到十一届三中全会之前(1953—1978年)。

农业合作化运动是经过了农民的自发需求到国家的强制性制度变迁相结合，由低级到高级经过农民互助组到初级社再到高级社逐步完成的过程。新中国成立初期的农村土地改革，虽然使作为农业直接生产者的农民获得了土地所有权，实现了土地与劳动力和资本等生产要素的直接融合，并使农民享有土地收益的独享权，从而极大地调动了农民的生产积极性。其结果不仅是农业生产连创新高，而且农民生活得到明显改善，两极分化和民不聊生的局面得以逆转，社会整体福利水平明显提高。但是，由于以农民个体和家庭土地私有制为基础的小农经济自身的不稳定性和脆弱性，如经营规模狭小、生产技术落后、无法进行较大的基本农田建设，甚至一旦遭遇天灾人祸农民可能重新出卖土地而重新陷入贫困，造成旧有制度的回归，等等。因此，一方面为了更好地解决单个农户生产所面临的劳动力、资金、生产工具等方面存在的困难；另一方面，为了适应我国要在较短时期内迅速奠定工业化基础和建立比较完善国民经济体系的需要，在国家整体经济实力较为薄弱的情况下，必然要求农业为工业化提供大量的原材料和资金积累，而依赖以农民土地私有制为基础的小农经济的循序发展和自我积累显然满足不了这一要求。必须借助国家的政治强力集中有限的资源加速农村经济发展，并且通过工农业产品非市场化交易的"剪刀差"为工业化发展提供基本的条件。为此从1952年起，在农民自发和自愿的基础上，国家采取自愿互利、典型示范、国家帮助的原则逐步引导农民走互助合作的道路，经过短短的4年时间，到1956年年底，经过由"维持土地和生产资料私有前提下的劳动互助组"到"仍然保持土地私有而将土地、牲畜、农机具等生产资料入股，采用集体劳动，土地统一经营，收入分配实行按劳分配和按股分红相结合的初级农业生产合作社"再到将"土地和其他生产资料统一转归高级生产合作社所有，实行土地集体所有，集体经营。农民不再享有对土地和其他生产资料的私有产权而是按出工多少取得劳动报酬即按劳取酬的高级农业生产社"三个阶段的农业合作化运动，从而使农民土地私有制转变为集体所有制，实现了农村土地产权制度的彻底变革。在合作化初期的劳动互助组，是出于农民的自我需求，由几户或十几户农户自愿组合，在保持土地、耕畜和其他生产资料仍属于各农户私人所有的前提下，通过生产方面的组织，在农忙时将劳动力和耕畜等调剂使用，互帮互助。劳动互助组又可分为临时互助组和常年互助组两种形式。初级

① 李明秋、王宝山：《中国农村土地制度创新及农地使用权流转机制研究》，中国大地出版社2004年版，第228—252页。

生产合作的建立始于 1953 年年底,一般由几十个农户组成,以土地入股和统一经营为特点。入社的土地等生产资料由合作社统一使用,但仍归农民私有。除了土地按股分红外,耕畜和大农具的使用也付给一定的报酬。为了吸引更多的农民入社,国家对入社的农户给予信用社资金贷款、种子、化肥等农用生产资料的供应等方面的大力帮助。到 1955 年年底,全国初级合作社为 190 多万个,入社农户占全国农户的 63%。高级合作社的产生是初级合作社发展的延续,一般由一个村的所有农户(150~200 户)组成,取消了入社农民对土地等主要生产资料的私有权,实现了土地的合作社集体所有制,但社员仍享有入、退社的自由。1956 年 5 月,全国高级农业合作社为 30.3 万个,入社农户占全国农户的 61.9%;1956 年年底,全国农业合作社的入社农户总数占全国农户的比重已经达到 87.8%。

农民土地私有制到农业合作社的转变实质是土地的"私有私用"向"私有共用"的转变。农民在保持对土地私有权的前提下,将土地集中起来,共同劳动,共同经营,不仅有利于克服单个农户分散经营的诸多弊端,可以更好地进行大规模农田水利设施建设,扩大现代农业机具的使用范围,促进先进农业技术的推广,合理地调配劳动力和资本等生产要素,增强抵御农业自然灾害的能力促进农业生产的发展等。而且农民仍然保留"进退合作社"的自由,一方面由于农民所拥有的土地和其他生产资料是按人口均分的,因此其加入合作社时的初始股份是公平的,农民的收益分配实行按劳分配和按股分红相结合,农业合作社土地经营收益分配的平等性避免了小农经济条件下开始出现的租佃剥削问题,从而能够有效抑制两极分化现象,提高社会整体福利水平。合作社资产的积累和土地经营的效益直接与每个入社农户的福利水平相联系,因此社员关心集体资产的程度并没有因为"私有共用"而下降,每个自愿入社的社员都必须提供同单干时一样的努力程度。另一方面,农民进退社的自由,也降低了委托代理的风险,有效遏制了合作社代理人的败德行为。因为农民将土地等生产资料交给合作社统一使用、共同经营,实际上就构成了农民与合作社之间的委托代理关系,如果合作社(代理人)违约或败德,就会导致委托人(入社农户)抽回资产而退出合作社从而导致合作社的解体。这是合作社和农民都要力求避免的。从农民土地私有制到高级农业合作社,农村经济发展取得的成绩是显著的。例如,1957 年全国农业总产值比 1952 年增长 25%,年均增长 4.5%;粮食产量比 1952 年增长 19%,年均增长 3.7%;棉花产量比 1952 年增长 26%,年均增长 4.7%。与此同时,农业生产条件得到很好的改善,农业机械化程度明显提高。1957 年机电排灌面积为 120.2 万公顷,是 1952 年的将近 3 倍;机耕面积为 263.6 万公顷,是 1952 年的近 20 倍;农业机械总动力为 14674 万台,而 1952 年仅为 1307 万台。随着农业生产的发展,农民生活水平明显改善,1957 年农民消费水平从 1952 年的年人均 62 元提高到 79 元。农业的快速发展为国家工业化的推进奠定了良好基础,1957 年工业总产值由 1952 年的 343 亿元增长到 441 亿元,年均增长 18.4%,远远超过旧中国 100 年发展取得的成绩。但是在农业合作化运动的过程中,也曾出现了合作社发展速度过猛,甚至采取强迫命令、违反自愿互利原则的现象。尤其是从 1955 年下半年起,由于错误地开展了对所谓"右倾机会主义"的批判,各地掀起了合作化运动的高潮。1955 年 7 月 31 日,中共中央召开省、市、自治区党委书记会议。毛泽东在会议上作了《关于农业合作化问题》的报告,对党的农业合作化的理论和政策作了系统阐述,并对合作化的速度提出新的要求。10 月 4 日至 11 日,中共中央在北京召开七届六中全会,通过了《关于农业合作化问题的决议》,要求到 1958 年春在全国大多数地方基本上普及初级农业生产合作,实现半社会主义合作化。会后,农业合作化运动急速发展,仅 3 个月左右的时间就在全国基本实现了农业合作化。不少地方纷纷将初级社转为高级社,有些由互助组直接转为高级社。高级社实行生产资料农民集体所有,具有完全的社会主义性质。1958 年由于受"大跃进"和人民公社化运动"左"的思想影响,各地农村又掀起了以合并高级合作社办"一大二公三拉平"为特征的人民公社化运动,以政社合一的人民公社作为统一的核算和经营单位,农民的土地、资金等生产资料全部归人民公社所有。农民也不再有进社退社的自由。一平二调是人民公社化运动中"共产风"的主要表现,即:在公社范围内实行贫富拉平平均分配;县、社两级无偿调走生产队(包括社员个人)的某些财物。这种做法严重脱离了我国农村的实际和农民的意愿。因为农村自古以来就是以相对固定的特定区域的村落作为生产生活的基本场所,具有根深蒂固的"属地"情节。而实行人民公社制度后,公社就可以随便平调原来属于不同村落的社员的生产资料和劳动力,这就必然严重挫伤农民的生产和劳动积极性,从而也给农村经济社会发展和农业生产造成了严重的阻碍。为此,1960 年 11 月 3 日,以《中共中央关于农村人民公社当前政策问题的紧急指示》为标志,开始对人民公社进行整顿,到 1962 年在全国基本确立了"三级所有,队为基础"的农村集体所有制和基本核算体系。所谓"三级所有"是指农村土地和其他生产资料属于公社、生产大队和生产小队三级所有,以生产小队作为生产和核算的基本单位。将原来属于生产队的主要生产资料如土地、山林、草原、水面以及耕畜、农具等,由原来无偿归公社所有转为归生产队全体社员集体所有,由生产队经营,公社和生产大队不得无偿抽调。生产队作为基本核算单位,独立经营,自负盈亏,其产品和收入除按规定交纳国家的税收和上交大队一定比例的公积金、公益金和管理费外,其余都归生产队所有,由生产队分配。生产队的劳动力,公社和大队也不能无偿调用。至于公社、生产大队的土地、山林、草原、水面以及大中型农机具和其他财产,则分别属于全公社或生产大队范围内全体社员集体所有。

人民公社取代农业合作社是国家实施强制性制度变迁的结果。这种生产关系的变革不仅超越了我国生产力发展的实际水平,也超越了农民对制度变迁的诱致性需求。从农业合作社到人民公社,农村经济发展一直徘徊不前。在人民公社化的初期,由于土地公有化程度很高加之三年自然灾害造成的困难时期等原因,农业生产还出现了负增长。1960 年的农业总产值比 1957 年下降22.7%,粮食产量比 1957 年减少 562 亿千克,人均粮食占有量退回到 1952 年的水平。为了克服经济工作中指导思想上的"左"倾错误和严重的自然灾害给我国国民经济造成的严重困难局面,1961 年召开的中共八届九中全会正式通过了关于对国民经济实行"调整、巩固、充实、提高"的八字方针。在三年调整时期,土地公有化程度略有下降,农业生产又逐步恢复增长,1964 年农业总产值比1960 年增长 34.5%,粮食、棉花等农畜产品产量又恢复到 1957 年的水平。之后由于"割资本尾巴"和"穷过渡"等"左"倾思想的影响,土地的公有化程度再次提高,农业生产又呈现徘徊不前的局面。人民公社化的 20 年间,农业生产年均增长为 1.48%,人均粮食占有量大体相当于 1957 的水平,23%的生产队人均口粮在 180 千克以下,全国仍然有 1 亿多农民的温饱问题没有得到解决。1978 年农民从集体分配到的收入人均只有 88.53 元,而 30%的生产队人均分配到的收入不足 50 元。

第三阶段:十一届三中全会以后。

十一届三中全会是新中国成立以来我党历史上具有深远意义的伟大转折,以农村改革为起点的中国社会经济体制的全面改革和开放,开创了中国特色社会主义现代化建设的道路。而农村的各项改革首先是围绕着土地使用制度的改革而展开的。1978 年,安徽凤阳小岗村的 18 户农民签署的"土地'大包干'生死状"成为中国农村土地制度诱致性变迁的标志,使中国农村土地制度由人民公社体制下的"集体所有集体经营"向"集体所有,农户家庭分散经营体制的转变"。经过"包产到户、包干到户"到"家庭联产承包、统分结合的双层经营体制",从而确立了我国现有农村土地制度的基本框架:在维持土地(主要指农用地)集体所有的前提下,由家庭承包经营,承包期限也由第一轮的 15 年延长至第二轮的 30 年,并实行第二轮承包期内"增人不增地、减人不减地"的政策,以充分保障农民土地承包经营权的稳定性。2008 年 10 月召开的十七届三中全会审议通过的《中共中央关于推进农村改革发展若干重大问题的决定》(以下简称《决定》)指出:要"赋予农民更加充分而有保障"的土地承包经营权,现有土地承包关系"要保持稳定并长久不变";"允许农民以转包、出租、互换、转让、股份合作等形式流转土地承包经营权",从而进一步明确了新形势下农村土地制度改革的指导思想、目标任务和重大原则。

2.4 现有农村集体土地制度的绩效评价及土地制度变迁的路径选择

2.4.1 现有农村土地制度的绩效评价

作为一种制度创新和变迁,家庭联产承包责任制所产生的绩效和影响无疑是巨大而深远的。从其对农业生产本身增长的贡献来讲,"包产到户使 1980—1984 年中国农业总要素生产率提高了 20 个百分点,占同期种植业增长 38 个百分点的一半以上"[①],以至于被世人称之为农业发展史上的"奇迹"。家庭联产承包责任制的实施使得农业生产形势得以好转,农民生活水平明显提高。我国粮食总产量连年登上新台阶,1982 到 1984 年这三年粮食总产量年均增长率为7.83%。尤其是 1984 年,历史性地达到了 40732 万吨,比 1978 年增长将近1/3,棉花产量 1984 年为 607.7 万吨,是 1978 年的 2.8 倍,人均粮食占有量从1978 年的 312 千克上升到 1984 年的 393 千克,基本解决了全国人民的吃饭问题。农业总产值年均增长 8.98%,农民家庭纯收入从 1978 年的 133.57 元上升到 1984 年的 355.33 元,增长了近两倍。至 1984 年,我国农业与改革前相比有了明显的变化(见表 2-1)。[②]

表 2-1 农村基本情况对比

年度	粮食总产量（万吨）	农业总产量（亿元）及构成（%）						农村机械总动力（万千瓦）	化肥施用量（万吨）	人均纯收入（元/人）
		总产值	构成							
			农业	林业	畜牧业	副业	渔业			
1978	30477	1397.00	76.71	3.44	14.98	3.29	1.58	11750.0	884.0	133.57
1984	40732	3214.13	68.30	5.03	18.24	5.79	2.65	19497.0	1739.8	355.33

注:有关数据根据《中国统计年鉴》1992 年计算而得。

更重要的是,在促进农业增产农民增收的同时也带来了农村经济和社会结

---

① 发展研究所综合课题组:《中国的发展:财富增长与制度适应》,《经济研究》1998 年第 5 期。
② 转引自钱忠好:《中国农村土地制度变迁和创新研究》,中国农业出版社 1999 年版,第 4 页。

构面貌以及农民生产生活方式甚至思想观念等的深刻变革。农村劳动力的转移、农村工业化、城镇化的发展,城乡分割的二元体制的逐渐转变等无可争议地来自于农地制度变迁的成功。然而作为一项制度创新和变迁,家庭承包经营责任制不可能一劳永逸地解决农业发展中的全部问题。随着改革的深入和经济社会的转型,外部因素对制度创新的侵蚀,打破了原有制度赖以发挥作用的系统平衡。这种曾经对农业、农村和农民带来巨大效应的制度安排又逐渐显露出与现代化进程不相适应的弊端。一个突出的表现是粮食产量在 1984 年取得历史最好水平 40732 万吨之后,随着国家对粮食等主要农产品的强制性统派统购政策的取消,从 1985 年开始,粮食产量出现了近四年的徘徊(图 2-1),加之农业生产本身由于受自然因素影响而具有较大波动性的特点,农产品的市场价格极不稳定,出现灾年减产减收,丰年增产不增收的状况,最终导致农民收入增长极不稳定。在 1978 年到 1996 年农民收入年均增长 8% 的同时,进入 90 年代中期以后,农民收入增长各年间的波动比较大,增长极不稳定(图 2-2),城乡差距进一步扩大(图 2-3)。

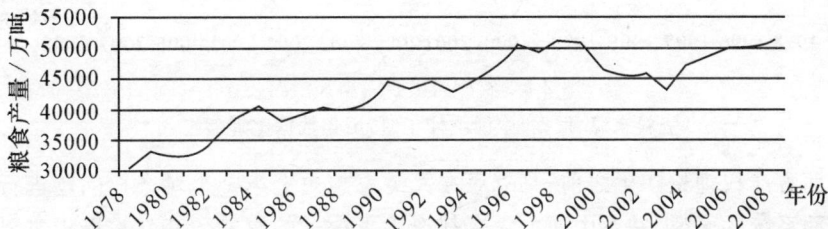

图 2-1   中国历年(1978—2008 年)粮食产量走势

来源:中瑞金融。

因此如何重构农村的土地制度,新的制度创新和变迁的方向又是什么,成为亟须思考和研究的重大问题。

2.4.2   产权与土地产权

毫无疑问,农村土地制度创新最核心的就是产权制度的创新。要准确把握土地产权的定义,首先必须对产权有一正确的理解。

1. 马克思产权理论的主要思想

所谓产权也称财产权,是有关财产的各项权利的总称。而财产是具有物质财富的内容,能给经济当事人带来利益的各项物质和非物质(如商标、专利、声誉等)客体的总和。有关物质财富本身所具有的各项权利属性及其在经济当事人之间的界定及对经济当事人行为的影响等就构成了产权理论的基本内容。

收
入
增
长
率
(%)

9%

9.5%

8%

8%

6.8%

7.4%

4.8%

6.2%

4.6%

4.3%

4.3%

3.8%

4.2%

2.1%

年份

1978 1996 1997 1998 1999 2000 2001 2002 2003 2004 2005 2006 2007 2008

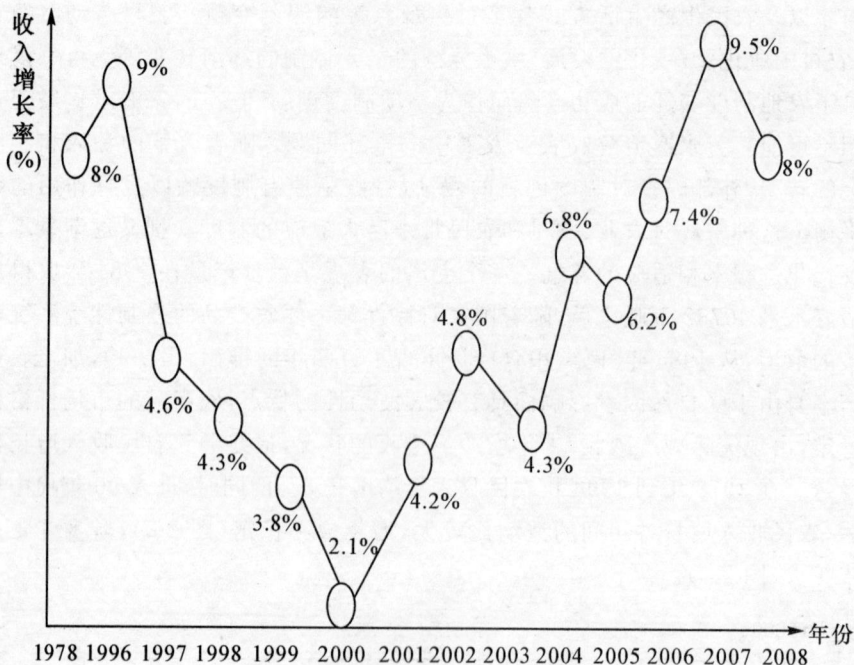

图 2-2　农村居民收入增长情况

资料来源:根据《中国统计年鉴》历年数据整理而得。

早在西方产权理论产生之前,马克思在人类思想史上第一个对产权问题进行了深入而系统的研究,并对中西方学者都产生了深远的影响。其基本思想主要包括以下几方面:

一是分析了所有制和所有权的区别和联系。马克思把所有权(ownership)解释为所有制(system of ownership)的法律形态。他认为,所有制先于所有权的存在,是生产资料归谁所有的经济制度,是一个经济事实,是一种经济存在,属于经济基础;所有权是财产归谁所有的法律制度,是一种权利,因此它属于上层建筑范畴。[1] 马克思指出:"一些人垄断一定量的土地,把它作为排斥其他一切人的、只服从自己个人意志的领域。"[2]他同时指出:"土地所有权……即不同的人借以独占一定部分土地的法律虚构。"[3]在这些论述中,马克思不但分别界定了土地所有制和土地所有权,而且指出土地所有制是土地所有权的前提。也就是说,土地所有制是土地所有权的经济内容,土地所有权是土地所有制的法

[1] 唐文金:《农户土地流转意愿与行为研究》,中国经济出版社 2008 年版,第 16 页。

[2] [德]马克思、恩格斯:《资本论》(第 3 卷),人民出版社 1975 年版,第 695 页。

[3] [德]马克思、恩格斯:《资本论》(第 3 卷),人民出版社 1975 年版,第 715 页。

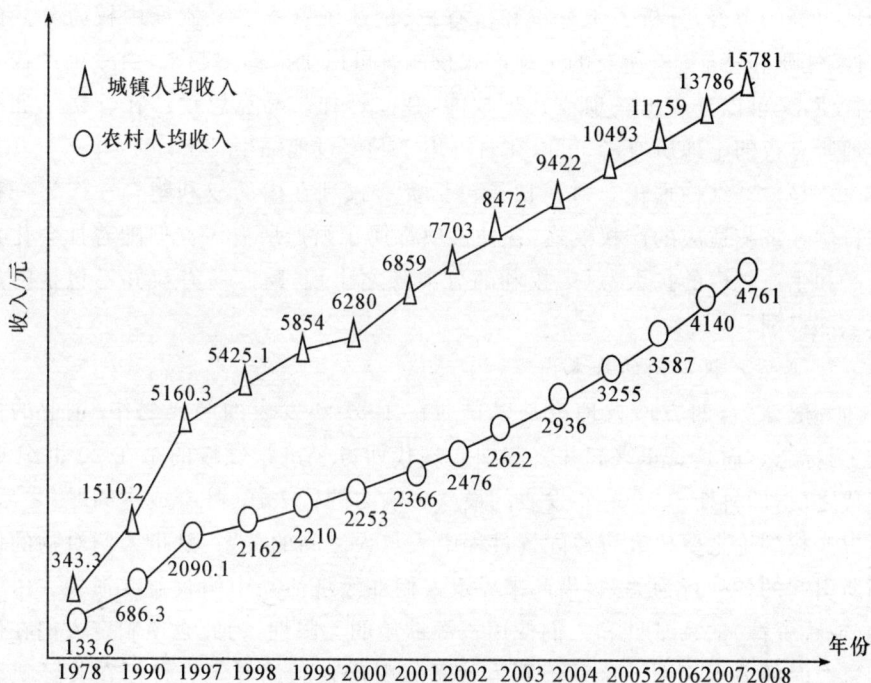

图 2-3　城乡居民收入增长情况

资料来源：根据《中国统计年鉴》历年数据整理而得。

律形式。① 同时所有制和所有权又具有密切的联系。所有制是所有权的经济基础，所有权的运动以所有制的运动为经济内容和基础，所有制的变动决定所有权的变动。马克思指出："给资产阶级的所有权下定义不外乎是把资产阶级生产的全部社会关系描述一番。"②他认为："一定所有制关系所特有的法的观念是从这种关系中产生出来的。"③"法律观念本身只是说明，土地所有者可以像每个商品所有者处理自己的商品一样去处理土地。"④马克思认为农村土地产权是土地所有权以及由此衍生出来的占有权、使用权、收益权、处分权等组成的权能体系，是一个权利集合。⑤

二是关于所有权和使用权等权利的统一与分离。马克思通过土地、资本、

---

① 刘卫柏：《中国农村土地流转模式创新研究》，湖南人民出版社 2010 年版，第 35 页。

② 刘炜：《经济改革与经济发展的产权制度解释》，首都经济贸易大学出版社 2000 年版，第 3 页。

③ ［德］马克思、恩格斯：《马克思恩格斯全集》（第 30 卷），人民出版社 1985 年版，第 608 页。

④ ［德］马克思、恩格斯：《资本论》（第 3 卷），人民出版社 1975 年版，第 696 页。

⑤ 刘卫柏：《中国农村土地流转模式创新研究》，湖南人民出版社 2010 年版，第 35 页。

劳动力等的考察,分析了所有权和占有权、论述了资本主义制度中权力分立的条件、性质和特征。[①] 所有的土地产权权能既可以全部集中起来,由一个产权主体行使,又可以分离出一项或几项权能,独立运作。马克思说:"在苏格兰拥有土地所有权的土地所有者,可以在君士坦丁堡度过他一生。"[②]

三是财产结构理论。财产权是包括资产权利在内的权利集合。作为一种和自然经济相适应的产权模式,各种权项都属于财产所有者。但随着社会化大生产和生产规模的扩大,财产权利的分离随之出现,财产所有权并不包括财产的全部权利。

2. 西方产权理论的基本内容

一般认为,西方产权理论是以科斯在 1937 年发表的经典之作《企业的性质》为标志。而其真正兴起并将其纳入现代西方经济学领域的是在 20 世纪 60 年代之后,即科斯于 1960 年发表的最具影响力的代表作《社会成本问题》之后。西方产权理论主要研究资源配置过程中人与人之间的关系,是指人们对物的使用所引起的各种行为关系,借此来界定人们在经济活动中的收益或损失。由于物(或称资源)的稀缺性和人们使用资源欲望的无限性,为此必须制定人们在使用资源时的适当规则。这种规则也就是对财产权利的界定。科斯在其经典名篇《社会成本问题》一文中以走失的牛群为例,为我们说明了权利界定的重要性。[③] 科斯指出,没有权利的初始界定,就不存在权利的转让和重新组合的市场交易。他指出,在零交易费用条件下,参与谈判的双方在对权利的初始界定明确后会利用市场机制,通过订立合约,找寻到使各自利益损失最小的合约安排;若存在交易费用,如果产权明确界定(初始界定),相互作用的各方也会通过合约找寻到较优的制度安排,只要这种制度安排带来的生产价值的增加值大于其运作所带来的费用。由此可见,权利安排和权利界定在科斯的研究中占有十分重要的地位。仔细阅读《社会成本问题》一文,不难发现科斯的权利界定有两个环节:其一是权利的初始界定;其二是权利的再界定。在权利初始界定的基础上,可以通过市场和合约安排,对经济当事人的权利进行重新组合,从而形成较优的权利安排。

那么,产权是如何界定的呢? 德姆哈罗德·霍姆塞茨(Harold Demsetz)告

---

① 吴易风:《马克思的产权理论与国有企业产权改革》,《中国社会科学》1995 年第 1 期。

② [德]马克思、恩格斯:《资本论》(第 3 卷),人民出版社 1975 年版,第 697 页。

③ 参见[美]R. H. 科斯:《社会成本问题》,载《财产权利与制度变迁》,上海三联书店、上海人民出版社 1994 年版。英文版见 R. H. Coase. The Firm, the Market, and the Law. The University of Chicago Press,Chicago and Landon,1988,pp. 95-156.

诉我们:"产权是一种社会工具,其重要性就在于事实上它们能帮助一个人形成他与其他人进行交易时的合理预期。这些预期通过社会的法律、习俗和道德得到表达。产权的所有者拥有他的同事同意他以特定的方式行事的权利。产权包括一个人或其他人受益或受损的权利。"① 由此可见,作为权利的产权是由法律、习俗、道德等界定和表达的。

以上的分析告诉我们,不论是马克思的产权理论还是西方产权理论,一是都强调产权是以所有权为基础,包括使用权、收益权、处分权、发展权等权益所组成的权利束或集合。二是都强调产权权利束中各种权利的界定和分离。产权的初始界定和分配将影响最终资源的配置并进而带来财富分配的变化。产权的分离(主要是指所有权和使用权的分离)和转让是适应因专业分工而引致的社会化大生产和生产规模扩大的必然要求。"产权的权能是否完整,主要是从所有者对它具有的排他性(excludability)和可转让性来衡量的,如果权利所有者对他所拥有的权利具有排他的使用权、独享的收益权和自由的转让权,就可认为他所拥有的权利是完整的;如果这些方面的权能受到某些限制或禁止,那么就称为产权是残缺的。"②

至此,我们可以给产权下一个较为准确的定义了:产权是由法律、习俗、道德等界定和表达的、得到人们相互间认可的关于财产的权利。一般而言,人们对财产的权利分为所有权、占有权、使用权、收益权等。由上面的分析中我们也可看出,产权是正式规则和非正式规则界定的结果。从这种意义上讲,制度安排是人们为满足产权要求而进行选择的结果,并且一旦某一制度安排确定以后,产权安排也就得到了相应的确定。因此,"土地产权是指由土地制度界定的并得到人们相互间认可的关于土地这一财产的权利的总和。与土地制度相对应,土地产权包括土地所有权、土地使用权、土地转让权、土地售卖权、土地收益权,等等"③。

2.4.3 我国农村土地产权制度创新问题的多种争议

随着农村改革的深入,对家庭承包经营责任制下的土地经营制度安排的创新实践和争论也一直未曾停止。理论界对我国现有农村土地产权制度创新的需求都是基于认为我国现行的农村土地集体所有的产权制度存在着产权主体

---

① 参见德姆哈罗德·霍姆塞茨:《关于产权的理论》,载《财产权利与制度变迁——产权学派与新制度学派译文集》,刘守英译,上海三联书店、上海人民出版社1994年版。
② 唐文金:《农户土地流转意愿与行为研究》,中国经济出版社2008年版,第25页。
③ 钱忠好:《中国农村土地制度变迁和创新研究》,中国农业出版社1999年版。

（主要是所有权主体）界定不明和权利内涵模糊,所有者虚位等问题。因此,主张通过对农村集体土地所有权制度的改革,作为对农村土地制度创新和变迁的基本方向。目前在农村集体土地所有权制度改革模式的选择上存在着国有论、私有论、集体所有制基础上的完善论等三种有代表性的观点。在此基础上进一步有所创新的观点是"复合土地产权结构或称'多元所有论'。其中'国有论'者主张将现在分属于不同集体组织的土地收归国有,由国家实行土地永佃制并制定统一的流转法"。他们认为,实行农村集体土地的国有化,可以避免目前农村集体土地所有权主体虚置的问题,从而更有效地利用和保护农地资源,农民拥有长期稳定的土地使用权有利于安定民心,促进农业生产。土地国有的方法是:可以采取国家赎买、适当补偿或无偿收回等方式,并在法律上认定,同时设立相应经营组织机构,如农村土地资产经营公司代表国家经营管理农地。"私有论"者主张将集体土地所有权直接赋予农民,由农民土地私有制代替家庭联产承包责任制,进而从根本上解决土地集体所有制下的主体不明,最大限度地保护农民对土地的处置自主权和收益权,实现土地的最大市场价值。具体的操作方法是:根据集体土地承包经营的现状,考虑人口和劳动力等因素,平均分配土地,承认土地私有权并给予法律保护。土地多元所有论实际是土地集体所有和私有的结合,主张在有条件的地区将部分集体土地划归农民所有,形成集体所有和农民所有的多元格局。

尽管作为一种理论探讨,上述三种所有权模式似乎有助于解决集体土地所有权制度的现实问题,但是仔细推敲,三种集体土地所有权制度的替代模式显然都存在不可回避的缺陷。

首先,土地的国有化主张将集体土地转为国有,从理论上讲并没有必要。因为就其与现行的农村土地集体所有制相比较,两者均为土地的社会主义公有制的一种形式,无非是由分散在全国的众多的农村集体经济组织来代替国家作为土地的终极所有者,从所有者的非人格化来说并没有什么区别。其次,从具体的实践操作上讲,尽管理论界提出了众多的操作办法,但仍然存在着现实的困境。因为,第一,如果将现行的集体土地通过国家的政治强力全部无偿收归国有(类似于新中国成立之初的土地改革,通过没收封建地主的土地无偿分给无地或少地的农民)显然行不通,而且必然引起社会的剧烈动荡。如果按照等价交换的市场原则,国家财力承担不起。第二,土地国有化后,由国家直接面对千家万户来调配农地经营权是不现实的,而建立"中介"代表国家经营管理土地的结果与集体所有并无本质的区别,显然用不着多此一举。第三,由于我国各地农村经济社会发展水平差异较大,土地承担着农民的大部分社会保障功能,加之各地农村在长期的历史发展中积累了许多的问题,形成了具有地域性的超越经济的社会习俗和农民心理、思维习惯等定式,通过土地国有化强制打破地区间的界限,不仅很难制定国有化统一的标准,也缺乏群众基础,使农民在心理上难以接受。因此,农村集体土地的国有化,无论在理论上还是实践操作上都不具有可行性。

将农村土地所有权由集体所有转为农民个体所有即土地私有,虽然从产权的归属上讲,有助于明晰所有者,并产生较好的产权激励约束机制,但其实施同样存在很多问题。第一,如何界定获得土地所有权的主体资格,是依据户籍、职业,还是农民耕种土地的情况?因为经过三十多年的农村改革,特别是农村户籍制度的改革,使得农民与土地、农民与农村、农民与农业等的关系与家庭联产承包制实施之初的情况相比都发生了很大的变化。现实中农民的户籍、职业、农耕的情况大致有以下几种:户籍在原籍并仍然耕种土地;户籍不在原籍但仍享有承包地(特别是在第二轮土地承包后,实行"增人不增地、减人不减地",使得户籍与农村土地承包权脱钩,如外出求学、当兵等并已经在城里落户,但他在户籍迁移之前所享有的土地承包权并不收回);户籍在原籍,但常年外出经商、自己不耕种土地而是将承包地交给他人耕种;户籍不在本村,但长年居住在本村并且耕种土地,如外地嫁入本村,户籍没有迁移,但常年居住在本村并从事农耕,或者外籍村民在本村集体耕种土地多年,等等。对于现实中存在的种种复杂情况,究竟应该按照哪一个标准来分配土地才能做到公平公正,这不是一件容易的事情,处理不好,甚至会发生激烈的社会冲突。第二,土地私有化可能导致农户对土地处置的自发性和盲目性,从而不利于国家对土地的管理和规划。第三,土地私有化短期内可能造成小规模农地经营的固化,不利于土地利用效率的提高,长期可能引发土地投机和土地兼并现象,导致两极分化和社会动荡等问题。第四,作为一种重要的生产资料和自然经济资源,土地私有化与我国社会主义公有制的基本经济制度不相适应,存在着制度变迁供给的约束,等等。因此,土地私有化也并不具备可行性。

土地多元所有论者主张部分土地维持集体所有,部分土地转为私有,既存在土地私有化的矛盾,也没有根本克服集体土地所有权制度的问题。同时,从功能上划分土地的类型是比较复杂的过程,一方面重新确定土地边界的成本很高,另一方面处理集体和农民土地之间的关系也比较困难。因此,土地多元所有的制度供给方案是不可取的。[①]

综上所述,农村集体土地所有权的问题不在于所有权的归属问题,而在于

---

① 康雄华:《农村集体土地产权制度与土地使用权流转研究》,华中农业大学博士毕业论文,2006 年。

集体所有权主体如何界定的问题。因此大多数学者认为,基于我国现阶段"三农"问题的现状,维持土地集体所有制无论是从减少制度变迁的成本还是促进农业现代化进程需要,都不失为目前解决农村土地权利主体缺位的一种方法。在坚持农村土地集体所有制前提下进一步完善农村土地使用权流转,逐渐成为目前土地产权制度改革的主流观点。

2.4.4　现有农村土地产权制度改革的路径选择

对于中国农村土地制度(主要指产权制度)未来变迁的方向,尽管理论界有着众多的争议,但是"在坚持农村土地集体所有制前提下进一步完善农村土地使用权制度"之所以能成为目前土地产权制度改革的主流观点,以至于党的十七届三中全会也再次明确"要稳定和完善农村基本经营制度"。这固然有国家制度变迁供给制约的因素,但是任何一项制度变革,如果存在着内在的变革动力而仅仅靠外在的强制约束,并不是一种理性的选择。因为它将破坏系统的自动均衡而最终影响效率。为此,需要从产权制度理论的一般原理出发,结合我国农村土地制度变迁的历史和现实,阐明维持现有农村集体土地制度本身的内在合理性。因为土地产权包括土地所有权、土地使用权、土地转让权、土地售卖权、土地收益权,等等。土地产权制度的变迁既可以通过所有制的变革,也可以通过土地使用制度的变革来实现。因此维持现有的农村土地基本经营制度,也就具有内在的合理性。

第一,两权分离后的所有权"虚拟性"是维持现有土地制度的理论基础。

我国农村改革后实行的土地家庭承包经营制度,其实质是实现土地所有权和使用权的一定程度的分离,在不改变土地所有权的情况下给农民承包期内的土地使用权。[①] 集体与农民之间的关系是一种委托—代理关系,双方的权责利通过签订委托代理合同(土地承包合同)以契约的方式得以体现和保障。这种关系一经确立,所有权与使用权一经分离,集体只保留法律上的最终所有权,赋予农户对承包的集体土地以实际的占有权。因此从理论上讲,我国的农村集体土地的产权是清晰的。因为根据我国《土地管理法》的规定:"城市市区的土地属于国家所有,农村和城市郊区的土地,除由国家法律规定的属于国家所有的以外,属于农民集体所有。"即农村土地的所有者是"农民集体",承包权或经营权属于农民家庭或经济组织。由此产生的土地的收益权及处分权等也是清晰的,即农村集体享有作为土地所有者的对土地的最终处置权(集体有权按照约定的条件行使对土地的发包权、有权按照市场化原则对土地使用作出整体规划

---

① 戴谋富:《关于我国农村土地权属制度的若干思考》,《农村经济与科技》2005 年第 6 期。

等)和收益权(在农村税费改革和取消农业税之前农民按照土地承包面积缴纳的农村"三提五统"以维持农村公共事业需要的支出,以及在集体土地征用、租赁等所得收益中属于集体所得的部分)。农民作为土地的使用者,有权在承包合同约定的范围内从事土地的经营并取得收益,有权通过土地流转实现对土地的处分并据以获得相关的收益。而理论界对我国农村土地产权残缺、所有者缺位的主要争论就在于"农民集体"究竟是指谁? 因为《土地管理法》规定"国家所有土地的所有权由国务院代表国家行使"。"农民集体所有的土地依法属于村农民集体所有的,由村集体经济组织或者村民委员会经营、管理;已经分别属于村内两个以上农村集体经济组织的农民集体所有的,由村内各该农村集体经济组织或者村民小组经营、管理;已经属于乡(镇)农民集体所有的,由乡(镇)农村集体经济组织经营、管理。"在这里"农民集体"究竟是指"村民委员会、村民小组,还是乡镇政府"? "村民集体"或"集体经济组织"究竟是指什么? 法律没有作出明确的说明,更何况无论是村民委员会还是村民小组都不是法律意义上的法人实体或自然人,缺乏作为财产所有权人的主体资格地位。但是考察我国农村土地集体制度的演变轨迹就不难发现,我国现有的农村土地产权制度是由人民公社化制度下的土地公有公营演变而来的,即在维持农村土地集体所有制的前提下,由人民公社体制下的集体所有集体经营变为集体所有家庭分散经营。但这一制度变革改变的仅仅是农业生产的组织方式和对土地的经营方式,并没有改变土地的集体所有性质,也没有改变农村土地与农民和集体的关系。而目前的相关法律之所以对土地的集体所有中的"集体"有着多个身份的界定,也是由于在人民公社化体制下对农村生产资料实行集体所有和"三级所有,队为基础"的基本核算体系承续而来的。众所周知,虽然在人民公社体制瓦解以后,现有的农村基层组织实行乡(镇)、村民委员会、村民小组三级管理,与原来的人民公社体制相比,在建制和功能上都有了很大的区别。但不容否认,至少在组织结构的架构上还是承袭了原来的框架。乡镇政府作为最基层的行政组织承袭或部分替代了原来人民公社在承担国家政府对农村的社会管理方面的职能;村民委员会作为农民的自治组织,也承袭了原来生产大队在村庄管理方面的职能;而村民小组虽然失去了作为农村核算分配的职能基础,但其成员的归属仍然是以原来的生产小队为基础的。正是这种体制沿革的历史承接性,农村改革后在确立农村集体土地的所有权归属时就不可避免地留下了原有制度的影子。① "诺斯在研究制度变迁时发现,一项制度一旦形成后便存在着内在的自我

---

① 方文:《现有土地产权制度下的集体土地征用制度效应及创新思考》,《价格月刊》2011年第11期。

强化机制,这种强化机制使得该制度在以后的发展中沿着既定的轨迹呈惯性式的演化并自我强化,从而使制度被锁定某种状态中。"[1]更何况在我国农村,正规的或称法定体制和非正规的或称事实体制始终是调节农村各项事务的两种基本制度安排,甚至在某些地方或某一时期这种有赖于长期共同生活在特定区域范围内所形成的共同的生活习俗、人际关系合约,约定俗成的惯例比正规的或法定的体制更具有操作性和更强的认同度,并且成为正规体制得以实施的具体途径。尤其是当成员之间的利益诉求大致相同时,这种事实体制的作用也就尤为明显。在我国农村改革之初,农民的基本利益诉求就是最大限度地获得对土地的经营自主权以充分发挥自主性并由此获得自主劳动的所得。这一阶段土地的主要功能是维持农民的生计和提供基本的收入流。因此按照社区成员权的原则实行土地的均分以保证人人有饭吃,就成为处理农村土地问题的基本规则。而且农民在获得土地以后大多用于农业用途的生产经营,主要以家庭自己经营为主。因此其自然不会去过多地关注承包经营权背后的土地法定体制上的所有权主体是谁及其合法性问题,而更多关注的是按照土地承包数量和人头收取的各种名目繁多的税费和摊派,以期希望减轻土地经营的成本。90 年代初的农村税费改革就是对农民的这种诉求的回应。

随着农村劳动力的分化和产业结构的调整,农民对土地的依赖逐渐降低,农业经营收入已不再是其家庭收入的主要来源,土地的主要功能也由维持农民的基本生计逐渐转变为在国家政府缺乏对农村和农民社会保障覆盖的情况下承担着农民的就业、医疗、养老等社会保障的功能。而随着农村各项社会保障制度的建立,特别是当一部分农民已经有了完善的社会保障时,如何发挥土地的财产性功能也就成为农民对土地的基本态度。因此,"经济发展处于不同的发展阶段,针对土地的不同职能,农民更为看重土地哪一方面职能对土地的产权制度安排具有直接的影响"[2]。随着城市化和工业化的推进,因土地用途的改变和市场化交易引致的土地价值的发现是导致对当前农村土地产权问题关注和争论的根本原因。《土地管理法》中"集体经济组织"的指向究竟是村委会、村民小组还是乡镇政府的争论,也是基于对土地资产收益分配的考量。因为当某一地块的集体土地因市场流转(征用或租赁、入股、联营等)而产生收益时,土地所有者的具体指向将直接决定有权参与收益分配的成员人数的多少,并进而影响每一社区成员的份额。因此土地资产性价值的凸显,使得"农村集体经济组织"这一长期以来仅仅作为法律文件中的概念外壳(因为原先农民并不关心其

---

① 刘荣材:《农村土地产权制度变迁模式选择的路径约束分析》,《农业经济》2007 年第 1 期。
② 陈剑波:《农地制度:所有权问题还是委托—代理问题》,《经济研究》2006 年第 7 期。

背后的具体指向)有了要求明确其具体的指代及其权能的诉求,也使得对"村民委员会"这一农村改革以来一直作为村庄管理主体和财产所有者代表的事实体制究竟是否具有法定体制上的财产所有者资格的探究。目前理论界对于农村土地产权问题的讨论,主要针对的也就是法定体制与事实体制的冲突及其相关法律规定上的自相矛盾,目的就在于正确界定"集体"与农民(户)在土地财产处置中各自的权益边界。黄少安认为,在现实中,农民既明白土地不归自己所有,潜意识里又总是把所承包的土地视为自己所有。[①] "这一'所有权幻觉'是土地产权制度变迁的重要影响因素。因此,这种稳定的地权既是'所有权幻觉'的要求,又进一步稳定了人们的预期。"[②]现行农村土地制度改革的重点不是改变土地所有制,而是完善两权分离机制。

所有制和所有制的实现形式是两个不同层次的问题。所有制作为生产关系的基础,体现了所有权的归属。而所有制的实现形式,是采取怎样的经营方式和组织形式的问题。同样的所有制可以采取不同的实现形式,而不同的所有制可以采取相同的实现形式。事实上,在目前农村现实中推行的"两田制"、租赁制、股份制等都是在维持农村土地集体所有基础上的土地的具体经营方式和组织方式。现代经济理论认为,有效的产权制度并不意味着所有的权利都应集中于同一经济主体,恰恰相反,权利的适当分解才是制度安排成功的要旨。[③] 因为任何有权享有农村土地产权(除土地所有权外)的初始者只能是某一特定经济组织内的农民成员。因此对于农村土地产权的改革,可引进公司化的管理。借用所有制和所有制实现形式两者关系的理论,在土地所有权制度改革的实践中,可以在坚持农村土地集体所有制不变的前提下,采用租赁制、股份制、承包制、"两田制"、"四荒"拍卖等多种土地使用权流转的模式,以适应各地农村经济和社会发展以及农民的实际需要。至于"农民集体"这一农村土地所有者代表,可以在尊重我国农村事实体制的前提下,由村民委员会来代为行使集体资产所有者的权力,因为长期以来,村民委员会事实上一直充当着作为村庄管理主体和财产所有者代表的角色,尤其是在以村委会作为土地发包方的地方。

第二,农民对土地收益追逐的目的性是维持现有土地制度可行性的前提。

土地流转已经成为现阶段农村土地使用制度改革的基本内容。在我国现

---

① 黄少安:《从家庭联产承包制的土经营权到股份合作制的"准土地股权"》,《经济研究》1995年第7期。

② 孙涛、黄少安:《制度变迁的路径依赖、状态和结构依存特征研究——以改革开放依赖中国农村土地制度变迁为例》,《广东社会科学》2009年第2期。

③ 张红宇、范照兵:《"四荒"使用权拍卖的产权界定与成效》,《中国土地》1996年第10期。

有的城乡二元型体制下,土地承载着农民的职业和社会保障功能。作为一个理性的经济人,农民土地流转的意愿和规模取决于土地流转过程中的比较效益的大小。如果土地流转给农民带来的收益高于其自己经营的收益或者农民能够获得从事二、三产业持续而稳定的收益,那么农民都乐于将土地流转而并不关注土地的权属问题。因此,在虚拟集体产权的背后,若能建立公平合理的土地流转补偿,那么农地产权是否重新界定并不妨碍土地配置的效率。历史表明,中国历代出现的大规模土地兼并,并不是土地所有权造成的,而是权利关系不平等造成的。[①] 实践也证明,现有的农民承包地的各种形式的流转,不论是由于农民因外出经商务工等原因而自发流转还是出于农业规模化集约化经营的需要由农民个体或经村民同意由村集体组织主导的土地流转都是基于农民对土地流转比较效益的考量。农民并不过多地关注土地的终极所有权是否归属于自己。著名的"三农"问题专家李昌平先生说,他到过很多地方的农村,在与农民交谈是否有土地私有化的要求时,农民回答说,在现有制度下,只要种地能赚钱,土地使用权就自然会流转起来。因此现有的土地制度并不影响土地的流转,影响土地流转的是与土地相关的税费负担政策。[②] 据孟勤国等[③]在广西三村调查的结果也显示,"过半数人希望维持 30 年的土地承包期,而不希望承包期过长。这个结果出乎很多人意料。承包期 50 年或者 100 年不变,接近私人所有权,却没有为农民所需选择"。"包产到户而不是一步到位的土地私有化成为普遍的潮流,在村庄一级就有其深刻的理由。像我们后来看到的,无论土地承包权发展得多么接近私产和准私产,它总还保留着村庄社区作为最终所有者对付变动的人口对土地分配压力的某些手段。包产到户的安排承认承包上缴之余的私有权,这就开辟了不受人口平分传统纠缠的农民形成私产的途径。"[④]对于目前农村土地流转中出现的各种"异化现象",固然有土地产权主体的"虚拟性"而在一定程度上影响流转效应的因素,但更重要的原因恰是在于对现有的相关法律法规的执行不力,或是现有法律法规存在漏洞和操作性不强的缺陷。例如对于农民承包地的流转,虽然按照合同法的规定,作为土地所有者的发包方——农村集体组织有权在一定的条件下变更合同,但必须经承包方同意并支付一定的对价。为此,《中华人民共和国农村土地承包法》第三条规定:承包期内,发包方不得单方面解除合同,不得假借少数服从多数强迫承包方放弃

---

① 于传岗:《农业现代化进程中我国农村土地流转综合改革的新思维》,《农业经济》2009 年第1 期。

② 李昌平:《慎言农村土地私有化》,《学习月刊》2003 年第 12 期。

③ 孟勤国:《中国农村土地流转问题研究》,法律出版社 2009 年版,第 42 页。

④ 周其仁:《产权与制度变迁》(增订本),北京大学出版社 2004 年版,第 29 页。

或者变更承包经营权,不得以划分"口粮田"和"责任田"等为由收回承包地搞土地招标承包,不得将土地收回抵顶欠款。1999 年开始的第二轮土地承包合同将承包期限延长至 30 年,并且采取"增人不增地、减人不减地"的原则,也是为了在一定程度上杜绝村集体组织的随意行为。十七届三中全会通过的《中共中央关于推进农村改革发展若干重大问题的决定》更进一步提出,赋予农民更加充分而有保障的土地承包经营权,现有土地承包关系保持稳定并长久不变。可见农村集体组织在承包期内随意调整土地,随意改变土地的承包关系,强行将农户的承包地长时间、大面积转租给企业经营,借土地流转之名,将农地改变为非农用途等都是一种违法的行为。在建设用地的流转中,我国《宪法》与《土地管理法》均明确规定,国家为公共利益的需要,可依法对土地实行征用。但《宪法》和相关法律都未对公共利益作出明确的界定,从而给有些地方借公共利益之名而行任意扩大征用范围,违法占用大量耕地之实提供了机会,严重损害了农民的利益。可见,农村集体土地所有权制度并不是造成目前农村土地流转各种"异化现象"的根本原因。加强和完善现有土地流转的各项法规建设是促进和规范土地流转的关键。坚持我国农村土地集体所有制度,具有适应我国具体国情和"三农"发展水平的内在合理性。

第三,国家的社会管理和宏观调控需要是维持现有土地制度的内在要求。

土地既是一种生产资料,也是一种社会财富。对于我国这样的人口大国,维护国家的粮食稳定和安全是个重大的战略问题。因此必须实行严格的耕地保护制度,坚决守住 18 亿亩耕地红线。保持农村土地的集体最终所有权,有利于对土地实行严格的管理和规划,避免在土地所有权私有制下的农户对土地处置的自发性和盲目性。国家出于长远利益和整体利益需要对土地实行宏观调控,而一旦农户成为拥有私有土地产权的主体,政府就要与每个农户打交道,这不利于政府公共设施的规划和建设。[①] 因而,维持现有的农村土地集体所有制既有利于节省国家宏观调控的成本,同时村集体组织作为全体村民的代表,在涉及土地流转中的收益分配时,在与国家相关政府部门的谈判中有着相比于单个农户的谈判力量优势。

2.5　农村集体土地产权制度的治理结构

在选择维持现有的农村集体土地所有制的产权制度改革路径后,针对农村

---

① 顾长云、张浩亮:《从农地所有权的视角再思考我国农地产权制度的变革》,《山东省农业管理干部学院学报》2008 年第 2 期。

经济社会发展的现状和趋势，还必须进一步完善农村集体土地的产权治理结构。

2.5.1 重构农村集体土地所有制中的委托—代理关系

财产所有权和使用权的分离是现代生产的基本组织方式。与财产私有制不同，由于公有制缺乏人格化的所有者，因此两权分离下的委托代理关系这种财产治理结构中如何处理委托人（所有者）与代理人（经营者）的关系也就成了生产组织中必须面对的问题。

从现实来看，无论是在法定体制还是事实体制的层面上，村民委员会都是当前农村法定的基层组织，承担着完成国家下达的行政事务、村庄公共管理事务和以土地资产为核心的集体财产的管理事务。但与一般的现代公司制度的治理结构不同的是，农村社区成员（农民）既是集体的组成人员，又是集体财产的具体使用者。如果把村委会比作是公司制中由全体股东（村民）民主选举产生的"董事会"，但其又不具备董事会具有选择总经理来负责财产经营的权力。因为农村土地的承包经营权是"天然的社区成员权"，尤其是在第二轮土地承包合同后，村委会对土地调控的权力正在逐渐减弱。农民对土地的经营绩效如何，完全是其个体的行为，也无需对"董事会"（村委会）负责。这样，当两者的经营目标发生冲突时，村委会不管是出于政治上的需要（或是为了讨好上级组织，或是显示个人的政绩当然也不外有些是好心办坏事）还是经济上的需要（权力的寻租），就会以土地财产所有者代理人的身份，强行推行土地的流转或对农业种植结构进行行政的调整，这种治理结构的冲突是集体土地流转中各种矛盾产生的根源。因此如何根据农村集体土地两权分离下治理结构的特点，探索有效的农村土地制度安排是农村土地产权改革的重要课题。虽然现有法律对农村集体财产的代理人是谁，存在着概念模糊混淆不清的规定，例如《土地管理法》规定："农民集体所有的土地依法属于村农民集体所有的，由村集体经济组织或者村民委员会经营、管理"；修订后的《村民委员会组织法》第八条规定："村民委员会应当尊重并支持集体经济组织依法独立进行经济活动的自主权"。显然，在这两处的规定中"村民委员会"与"集体经济组织"并非是同一个概念，而且在现有的相关法人或经济实体的登记中也没有"集体经济组织"这一项目。而该条又同时规定："村民委员会依照法律规定，管理本村属于村农民集体所有的土地和其他财产"在这里"村民委员会"显然就是集体资产所有者的代表。但是结合我国农村历史和现实的考量，村民委员会事实上一直扮演着农村集体经济所有者代表的角色，尤其是在以村委会作为土地发包方的地方。那么我们在尊重现有既定事实体制的基础上，对于农村集体土地产权委托—代理关系所要关注的并不是代理人是谁,而是代理人究竟该怎样更好地代理的问题。为此,撇开目前村委会所扮演的多重角色多重职能冲突不说(作为村民自治组织,其基本职能是反映农户愿望、维护农民的利益,是农村社会的"代言人"。作为国家与农村社会的中介环节,承担着落实国家行政工作,协助推行国家在农村各项政策的职能,是国家的"代理人"。这种双重身份使村委会处于"控制"和"自治"的悖论中;作为集体资产所有者的代表,有权代理集体资产的运作并最大限度保证集体资产的保值增值,但分散的土地家庭占有又使村委会缺乏资产运作的委托人,从而使村委会陷入要么强行代理,要么无法代理的尴尬),单从村委会作为集体资产所有者代表所应承担的经济职能上讲,一方面,村委会要充当集体资产的"守夜人",即在充分尊重农民意愿的基础上,主要是做好市场信息服务,为农民提供有关土地流转供需的信息、相关农产品供需、价格走势等的信息,使农民根据市场信息作出自己的决策。同时要加强对农村土地用途的监管,切实保护好土地资产,尤其是耕地。另一方面,村委会作为集体资产的所有者代表,又要充当市场中的"交易者代表",最大限度地保护农民的财产权益。即当集体土地在符合相关规定被转为非农建设用地时,村委会作为集体土地所有者代表,应该享有与国有土地所有者同样的权益,有权参与土地市场的谈判,拥有市场交易的出价权。这就要求对现有的集体土地征用制度作出相应的改革(此处不作论述)。笔者认为,理论界普遍认为的现有农村集体土地产权残缺也主要指的就是"农村集体"这一农村土地所有者代表与作为城市国有土地所有者代表的各级政府在土地处置权上的不平等,而并不是指在集体与农户之间土地产权关系的不完整。同时村委会又要当好集体资产的管理人,在经三分之二村民或村民代表同意后(不是村委班子单方面的行政命令)以入股、联营、出租等方式参与土地市场运作,最大限度地获取土地资产的收益。在村委会与村民利益目标一致的基础上,那么最后的关键问题就是对土地交易的收益分配。为此,首先必须加强对村委会的民主监督,严格落实村务公开尤其是财务公开,防止"内部人控制"。其次对土地收益在按规定提取必要的村集体公共基金后实行按"人口股"和"土地股"结合的分配原则,具体运作可以通过图 2-4 来说明。

图 2-4 表明,农户甲在第二轮土地承包中获得承包地 A,当甲将承包地块 A 已经以一定的价格一次性转让给了受让者乙,而现在地块 A 按照有关规划被征用或经土地使用者同意后由村集体参与土地市场运作(联营、租赁、入股等),那么村集体将所得的土地收益的分配可以区别不同情况处理:

当受让者乙也是某一社区的成员,即某一地块 A 的转让是在本村村民之间进行的,那么甲可以获得土地流转收益中按"人口股"所规定的部分,而乙除了享有与甲同样的"人口股"份额外,还可以获得"土地股"的收益分红(人口股和

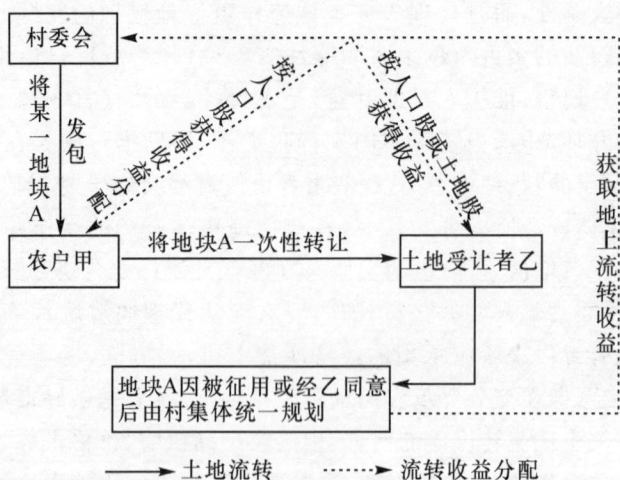

图 2-4　农村承包地流转收益分配

土地股的具体比例经集体讨论后确定）。

当乙是非本社区成员时，即某一地块 A 的转让是在本村村民与外村村民或经济组织之间进行的，那么甲只能获得"人口股"收益分红，而乙只能获得"土地股"部分的收益分红。

2.5.2　"准私有化"是完善农村集体土地产权治理的基本方向

所谓"准私有化"是指在维持农村土地公有制的前提下，允许土地的自由转让和买卖，以充分满足农民对土地资产性收益的需求。与土地的完全私有制不同，村集体作为法律上的土地终极所有者，在农村集体土地买卖转让后，负有对土地用途监管的责任，不得改变土地的原用途尤其是农用地转为非农建设用地。至于允许土地买卖转让后，是否会出现有学者认为的一是可能造成农村土地的集中，从而不利于农村社会的稳定；二是土地买卖转让后，可能会对农村土地的成员权造成冲击，从而违背公平的原则？笔者认为，对于问题一，一方面鉴于中国农村的特点和农民的土地情节，作出土地的永久性转让，应该是农民在市场化条件下的理性选择，哪怕是农民在遇到诸如生病、突发性的家庭变故等资金困难而被迫作出的转让，这也正是发挥了土地的资产性融资功能。土地转让作为目前农村土地流转的一种形式，不仅使土地由分散的小规模经营变为集中的规模化经营，而且也可以让农民更加重视土地的财产性功能。据笔者对一些地区的实地调查，有相当一部分年龄在 60 岁以上的农民更愿意将承包地以一定的价格（每亩 2 万~3 万元）一次性转让以获得老年生活的保障。《中华人民共和国农村土地承包法》第三十二条规定："通过家庭承包取得的土地承包经营权可以依法采取转包、出租、互换、转让或者其他方式流转。"可见，允许农民将承包地以一次性的市场转让（可理解为买卖）方式流转，只是土地使用者或者经营者的转变，至于土地的受让者是谁，只要不改变土地的农业用途，并不会影响土地所有者与经营者之间的关系，甚至某种程度上，这种通过市场交易而形成的土地的适度集中比之对分散而众多的单个农户而言，更有利于对土地经营者的集中规划和管理。对于问题二，在第二轮土地承包合同中，实行增人不增地、减人不减地的政策，某种程度上已经固化了享有土地承包使用权的社区成员。加之随着农村户籍制度的改革，使得一直以来以户籍作为确认是否具有农村社区成员权并享有相应土地权益的依据发生了根本的改变，有些地方甚至出现了许多具有农业户籍的城市人。党的十七届三中全会也进一步明确要"赋予农民更加充分而有保障的土地承包经营权，现有土地承包关系保持稳定并长久不变"。此外，从理论上分析，对于任何一项在一定时节点的存量资产而言，享有该项资产权益的成员集合也只能是以该时节点为截至。因此，不能以第二轮承包户合同以后的新增社区成员也应享有集体土地均分权的预设而限制现有成员对资产的处分权。农村未来的改革和发展也不能总是让土地来承担国家对于农民和农村应担的全部义务，而是应该按照城乡统筹综合发展的思路来构筑农村发展的各项体制和机制。因此，应在保持"农村集体"这一土地终极所有者所有权"虚拟性"的前提下给农民更大的土地处置权和收益权。当然，由于农村是以世代相对固定的居住地域和血缘姻亲为纽带的历史延续中形成的特定区域，特别是在目前的农村土地承包权只属于本社区范围内的成员权的限定下，这种土地的一次性转让如果发生在非同一社区成员之间时，在第二轮土地承包合同期满后会带来哪些影响和问题，是一个需要进一步讨论和研究的问题（在第四章的"4.2.1 转让与转包"中有专门的论述）。

2.6 简要的小结

农村集体土地产权存在着两个层面的关系：一是作为土地所有者的"农村集体"与土地使用者之间的关系；二是作为集体土地所有者代表的"农村集体"与作为国有土地所有者代表的各级政府之间的关系。在尊重村委会作为集体土地所有者代表的事实体制下，第一个层面的产权关系是清晰的。因此处理好第一个层面的关系，就是要在保持"农村集体"这一土地终极所有者所有权"虚拟性"的前提下给农民更大的土地处置权和收益权。在现有的集体土地征用制度下,第二个层面的集体土地所有者产权是残缺的,因此解决的办法就是要改革现有的集体土地征用制度(将在第五章中做专门的论述)。同时要加强对集体土地资产收益的监督和管理。真正体现集体土地资产收益来之于民用之于民。

3 农村土地流转的相关问题

3.1 农村土地流转的含义和特点

3.1.1 农村土地流转的含义

所谓土地流转是就土地作为一种生产要素和经济资源在不同的所有者和使用者之间的流动和转让。因此,"从理论上讲,土地流转包括土地归属关系的流转与土地利用关系的流转两个方面。其中,土地归属关系的流转,是指土地所有权关系的转变,如土地的买卖、赠与、征收等。土地利用关系的流转,是指在土地所有权关系不变的前提下,土地利用关系在主体之间发生转变,如承包地的转包、出租、建设用地使用权的转让"①。而农村土地根据我国《土地承包法》第二条的规定:"农村土地是指农民集体所有或国家所有依法由农民使用的耕地、林地、草地,以及其他依法用于农业的土地。"《土地管理法》第八条规定:"农村和城市郊区的土地,除由法律规定属国家所有的以外,属于农民集体所有;宅基地和自留地、自留山,属于农民集体所有。"由此可以看出,农村土地是指地处农村和城市郊区、由农民集体或国家所有、用于农业的土地。而本章所指的农村集体土地仅仅指属于农村集体所有的,而不包括地处农村属于国家所有用于农业的土地例如国有农场、国有林场,等等。因此,农村集体土地按其用途不同就包括农用地、农村建设用地和农村未用地。根据我国相关法律的规定,农村土地所有权要由农民集体所有转为国家所有只有通过国家征收的途径。而这是由土地征收的相关制度加以规范的,而且这种流转是单向和一次性的。因此,我国农村土地流转最主要的就是土地利用关系的流转。但在本书的研究中,我们仍将征用制度下的集体建设用地所有权流转作为土地流转的一种

---

① 孟勤国:《中国农村土地流转问题研究》,法律出版社 2008 年版。

形式加以分析和讨论,并且重点对农用地和建设用地的使用权流转及其相关问题分别加以阐述。

3.1.2 农村土地流转的特点

第一,农村土地流转是非永久性的,有一定的期限。

在我国,农村土地的流转既包括通过国家征收由农村集体所有转变为城市国家所有的一次性和单向性的所有权流转,也包括土地利用关系即土地使用权的流转。而前者仅仅限于非农建设用地的流转,而且其流转是单向性的即只能由集体变为国有。土地利用关系的流转是指土地使用权的流转,因而这种流转都是非永久性的。在土地私有制国家,土地的流转主要以土地所有权流转的方式转移,而所有权流转对某次具体的流转来说是永久性的。而在我国不管是农民承包地的流转,还是城乡建设用地的流转都是有期限的。例如《物权法》第128条规定,"土地流转的期限不得超过承包期的剩余期限"。第126条规定:承包期届满,由土地承包经营权人按照国家有关规定继续承包。我国《城镇国有土地出让和转让暂行条例》也分别规定了各种用途的土地使用年限,其中居住用地为七十年;工业用地五十年;教育、科技、文化、卫生、体育用地五十年;商业、旅游、娱乐用地四十年;综合或者其他用地五十年。土地使用权期满,土地使用权及其地上建筑物、其他附着物所有权由国家无偿取得。土地使用者应当交还土地使用证,并依照规定办理注销登记。土地使用权期满,土地使用者可以申请续期。经政府批准同意续期的,应当重新签订合同,支付土地使用权出让金,并办理登记。

第二,土地流转不得改变土地的用途。

对土地实行用途管制这是世界各国的通行做法,尤其是对我国这样一个人多地少、人均耕地面积大大低于世界平均水平的发展中大国来说,耕地的保护、粮食的安全是事关国家和社会稳定的大事。我国《土地管理法》第四条规定:"国家实行土地用途管制。使用土地的单位和个人必须严格按照土地利用总体规划确定的用途使用土地。""限制农用地转为建设用地,控制建设用地总量,对耕地实行特殊保护。"第三十七条规定:"禁止任何单位和个人闲置、荒芜耕地。……承包经营耕地的单位或者个人连续两年弃耕抛荒的,原发包单位应当终止承包合同,收回发包的耕地。"党的十七届三中全会也再次强调土地流转不得改变土地的农业用途。但是由于农业种养殖业是弱势产业,存在着与其他产业的比较效益低,特别是农用地与建设用地之间土地使用价值巨大的差距成为农村土地用途管制中一个十分突出的问题。目前农村土地流转现实中农业用地流转"激而不活",建设用地流转"禁而不止"的根本原因就是不同用途下的土地使用价值存在的巨大差异。因此如何协调好"保证土地的农业用途与发挥土地使用价值,提高土地流转收益的矛盾"是一个值得进一步研究的问题。

3.2　农村土地流转的背景

农村土地流转,从宏观上讲,一是适应统筹城乡发展和农业产业化规模化经营的需要。顺应农村改革后社会经济发展的方向,通过土地流转,实行适度规模经营,有益于促进传统农业向现代农业的转变,发展区域高效生态农业,提高农业综合效益。通过土地流转,实现农村土地要素与城市资本、技术等要素更好地结合,也有利于统筹城乡发展。二是为了解决工业化城镇化发展对土地资源需求的增加与我国人多地少的土地供给的矛盾,通过农村土地的合理流转,不仅有利于提高土地的使用价值,也有利于满足工业化城镇化建设对土地资源的需要。按照我国《土地管理法》的相关规定,为了严格保护耕地,控制建设用地规模,对土地的利用实行城乡建设用地占补平衡和增减挂钩,即城市建设用地占用耕地与开发复垦耕地相平衡,城市建设用地的增加与农村建设用地的减少相挂钩以控制将设用地总规模。2005 年,国土资源部发布了"关于规范城镇建设用地增加与农村建设用地减少相挂钩试点工作的意见"。即依据土地利用总体规划,将若干拟复垦为耕地的农村建设用地地块(即拆旧地块)和拟用于城镇建设的地块(即建新地块)共同组成建新拆旧项目区,通过建新拆旧和土地复垦,最终实现项目区内建设用地总量不增加,耕地面积不减少,质量不降低,用地布局更合理的土地整理工作。城乡土地资源的统筹使用,有利于充分挖掘农村土地的潜力,通过开发整理复垦补充耕地和对农村建设用地尤其是农民宅基地的科学规划和集约节约使用,进一步盘活农村土地资产,以更好地满足城市化工业化发展对土地资源的需求。从微观上讲,一是农民非农就业的发展和农村社会保障体制的逐步建立,使农民对土地的依附性降低,通过土地的流转从而满足那些不想种地的农民需要。二是农民对土地经营比较收益的考量。农民作为与土地相结合的从事农业经营的劳动者,通过土地流转,能够满足那些在农业经营上具有一技之长,能够获得农业经营比较收益的种养大户、专业户以及具有产业化、市场化、专业化经营能力的现代农业公司对土地资源的需要。

3.3　农村土地流转的类型

农村土地有乡镇建设用地、农民宅基地和农业用地的区别。其中农用地是农民的命根子,它不仅是主要的生产资料,也是农民重要的生活保障。乡镇建设用地和农民宅基地属于农村建设用地。农村土地流转的类型根据流转的范围和对象不同,可分为集体组织内部之间的流转和集体组织与外部土地利用主体之间的流转;按照参与流转的主体不同,可以分为国家、集体、农户之间的流转;按照流转的方式不同可分为出租、入股、转包、互换、反租倒包土地信托等多种方式。按照流转的次数不同可以分为初次流转和再次流转(具体内容将在第四章"农用地(农村承包地)的流转"和第五章"农村集体建设用地的流转"中分别介绍)。

3.4　土地流转与规模经营

农业的规模经营是指在一定的经济、技术和自然条件下,农业生产单位采取合理的规模结构,合理配置土地、劳动力、资本、技术等要素进行生产经营,从而降低单位产品的平均生产成本,提高农业经济效益。土地的适度集中是实现规模经营的前提。家庭承包制下的土地"按人承包、远近插花、肥瘦搭配"导致的土地细碎化,需要通过土地流转来实现土地的适度集中。但是作为一种经营方式和生产组织方式,规模经营并不必然带来土地效率的提高,通过土地流转实现土地规模的扩大也并不就能形成规模经营,规模经营的程度、类型等必须与生产力和社会发展的要求相适应。在我国农村,由于地域广阔、地区发展水平差异大,加之土地流转问题本身所涉及的关系和影响较为复杂,因此对土地流转(此处主要指农村承包地的流转)所产生的效应也应该有一个客观和理性的评价。

3.4.1　规模经营与土地效率关系的历史和现实考察

理论研究认为,家庭承包经营责任制下的"均田制"导致的土地细碎化小规模经营是缺乏效率的,因此通过土地流转实现适度规模经营是提高土地使用效率的有效途径。但是考察我国土地制度变更的历史和现有土地流转的现状发现,规模经营与土地效率之间的相关性在不同时期却有着方向上的变异性,可见通过土地流转实现规模经营进而提高土地效率存在着一定的外在约束性条件。而且当前农村土地流转在促进农业产业结构调整、增加农民收入等方面取得显著成效的同时,却存在着有效供给不足使资源市场化配置效率损耗的困境。因此有必要探究产生这种变异性的内外在因素,揭示土地流转陷入困境的原因,从而为推进现有的土地流转,提高市场配置要素的有效性提供基本的依据。

1. 不同时期土地规模经营与土地效率之间的相关性考察

按照经济学的投入产出一般性原理,在边际成本与边际收益达到均衡之前,总产出会按照高于投入要素量增加的比例而增加,即存在规模效应。考察我国自新中国成立以来伴随农村土地产权制度变更的土地经营方式和生产组织方式的变动,与农业效率之间的关系存在着相关度上的变异性。新中国成立初期,通过土地改革,实行了"耕者有其田"的农民土地私有制,这种从封建的土地制度转变为平均或相对平均的自耕农制度,极大地促进了农业生产效率的提高。因此正如苏不拉塔·加塔克、肯·英格森特[①]在《农业与经济发展》一书中指出的那样,"通过把地主的大农场转变为自耕农的小农场,就可以同时实现较大的平等和较高的生产率双重目标"。联合国也在 1951 年的一份名为《土地改革:不适应的农村结构对经济发展的阻碍》的报告中指出,"农业部门按所有者自耕形式进行组织比在其他可供选择的体制下可以更有效地分配自己资源并对国民经济增长作出更大的贡献"。以至于五六十年代,几乎所有发展中国家都宣布或进行了程度不同、形式各异的土地改革。50 年代中期以后,在大跃进和农业合作化运动的推动下,我国农村土地制度实行集体所有制下的以集体劳动和规模经营为标志的生产组织方式。这种制度性的变革,虽然在初期也曾经一度带来了农业产量的提高和集体资产的积累,但在今后较长时期内导致的恰恰是农业生产发展的滞缓和农业效益的低下以及农民生活的困顿。正是在这样的背景下,起始于 20 世纪 70 年代末 80 年代初源于农民自发式内致性需求的自下而上的分田单干家庭承包经营被称之为足以可以载入中国经济改革发展史册的"第二次革命"。由此,农业生产经营方式由规模化的集体经营到小规模的家庭经营,带来的恰恰是农业生产率的大幅度提高和农民收入的显著增加。但是经过近三十年的发展,这种"均田承包"的制度安排虽然满足了农民对公平的渴望,也为国家节约了制度变迁的成本,但无法实现效率的终极目标。因此作为提高土地使用效率的一种手段,农村土地流转市场的建设受到广泛的

---

① [印度]苏不拉塔·加塔克、肯·英格森特:《农业与经济发展》,吴伟东、韩俊、李发荣译,华夏出版社 1987 年版。

重视。"理论界之所以认为土地流转是有效率的,是由于土地流转能够解决两方面的问题:一是认为在平均化的家庭承包制下,不利于土地的规模化经营,而土地流转能够有效解决这个问题;二是认为土地流转会通过所谓的边际产出'拉平效应'[①],改善土地资源的配置效率。"[②]而通过对近几年各地农村土地流转市场的一个基本观察是,一方面,在国家政策引导和基层政府的行政推动下,各地的农村土地流转市场不断活跃,流转形式多样,在促进农业产业结构调整、实现农民增收等方面成效较为显著。另一方面,从总体上看,各地参与土地流转的比例并不高,而且各地的发展也很不平衡,地区差异较大,[③]从而使市场流转自动实现要素优化配置的效率存在一定的损耗,因此对产生规模经营与土地效率在不同时期相关度的变异性,以及现有土地流转陷入困境原因所做的分析,也就为更好地促进旨在提高土地使用效率的有效的土地流转找到了基本的对策。

2. 土地规模经营与土地效率在不同时期相关性差异的原因解析

单纯从土地作为生产农业产品的功能来讲,土地的效率是指土地产品的收益与投入的各种要素成本之间的对比关系。在不考虑土地的自然禀赋及自然因素对产量影响的前提下,一定面积土地的产出是各要素的生产函数,即 $Y=\alpha f(C,L,S)$,其中,Y 为一定面积土地的产出,α 为参数,C,L,S 分别代表一定土地面积所需投入的资本、劳动力、技术等要素。这些要素的组合及其结构也可用劳动生产率 V 表示,即 $Y=\alpha f(V)$。在传统的以手工劳动和畜力耕作为主的生产方式下,由于几乎不存在生产方式上的技术替代,因此产出的高低将主要取决于劳动力要素和资本要素的投入,而一定面积的资本要素的所需投入量(主要是用于土地产品生产所需的种子、化肥、农药等)是相对固定的。因此劳动力要素就成为决定土地产出的决定性因素。劳动力是生产力中最活跃的因素,其效率的大小很大程度取决于劳动者本身的素质和主观能动性创造性的发挥。在农业与其他产业之间的劳动力转移受制度性制约而几近封闭的条件下,分散的小规模农业生产组织方式一方面,更有利于劳动者对土地的精耕细作,另一方面,土地权利赋予直接的生产者也更有利于充分调动劳动者的生产经营积极性。这也就不难解释在我国小农经济为主的发展阶段,农业与二、三

① 姚洋:《中国农地制度:一个分析框架》,《中国社会科学季刊》2000 年第 2 期。

② 贺振华:《农户兼业及其对农村土地流转的影响——一个分析框架》,《上海财经大学学报(哲社版)》2006 年第 2 期。

③ 张照新:《中国土地流转市场发展及其方式》,《中国农村经济》2002 年第 2 期;姚洋:《非农就业结构与土地租赁市场的发育》,《中国农村观察》1999 年第 2 期。

产业之间的生产要素特别是劳动力要素缺乏转移和替代的条件下每一次土地制度的变革对农业和农民所带来的巨大变化的原因了。随着农业现代化发展的需要,一方面,生产的机械化和农业新技术的采用,是提高农业生产率的必然途径,而机械化耕作和新技术的运用需要以土地的适度集中和一定规模为前提。另一方面,家庭承包责任制的推行使农业劳动者在土地经营时间支配上的自主性和自由度增加,为劳动力的产业转移提供了基本的前提,而非农产业的发展和工业化城市化的推进,为农业劳动力的产业转移提供了可能。即"农村剩余劳动力的转移机制可通过来自农业部门的推力所创造的供给量及由来自非农业部门的'拉力'所引发的需求量之间的较量"①。如果假定农业劳动力的产业转移是自由和畅通的,即不考虑不同产业对劳动力知识技能等的特殊要求以及制度性制约因素,那么促使这种转移的根本动因就是劳动力要素配置在不同产业之间存在的收益差别即比较效益的大小。由于我国当前经济所处的发展阶段和农业产业本身的特点,农业相对于其他产业的比较效益普遍较低,兼业或完全从事别的行业也就成为农民增加收入的理性选择。这就使得在传统体制下,由于农业劳动力完全被束缚于单一产业之内,在土地产品总成本构成中,仅仅是作为一个潜在的"影子价格"而被忽略的劳动力要素价格,在市场经济条件下得以显化。目前理论界对家庭承包制下的小规模经营使土地缺乏效率进而成为推动土地流转内在动因所作的分析,也是基于生产要素特别是劳动力要素能够在农业和其他产业之间一定程度的自由配置为前提的。如果没有这个外部的条件,仅仅从农业产业内部本身来探讨土地的效率,那么,这种效率的提高有赖于农业整体的现代化水平和农业技术的发展和推广运用程度。而这又是一个渐进的、长期的过程。因此目前探讨土地流转对提高农业效率所起的作用及其大小,也必须置于这个基本的外部约束性条件之下。土地流转与提高农业效率之间的关系也并不是单向和直接的,即土地流转只是提高农业效率的一个基本条件。而土地能否顺利流转及流转的规模和形式,又要取决于农业劳动力转移的速度及相关社会化保障体系完善的程度。这也是造成不同地区、不同经济发展水平之下的土地流转在规模、形式和进程等方面都存在着很大区别的根本原因。

3.4.2　现有土地流转的效率及其损耗

按照市场交易的一般理论,在完全竞争性市场环境下,市场机制具有自动

---

① 陈吉元、胡必亮:《中国的三元经济结构与农村剩余劳动力转移》,《经济研究》1994 年第4 期。

实现资源优化配置的功能。因此,土地的自由流转也具有交易收益效应,即通过土地流转会使土地流向能更有效率使用的人手中。而承包制下"由于农户使用权份额的平均性和不可剥夺性,任何一个使用者对土地的使用方式的优劣(可能与其本身的能力有关,也可能无关),即采用什么方式使用土地都不会影响农户的使用权份额"[1]。平均拥有土地成为农村土地集体所有权制度下农民的"天赋权利",因此要使存在个体差异的农民转让或放弃这种权利,经济学虽然可以解释,但并不一定可行。市场供需"失衡"而引致的资源配置的效率损耗也就不可避免。一般说来,"农村土地流转市场的发展取决于能否产生有效的市场供给和市场需求,而后者的形成又是市场参与主体——农户理性决策的结果"。在没有外力的强制作用下,这种决策的基础就是农户基于使利益最大化目标下的土地成本和收益的考量。钱忠好[2]通过建立使土地流转净收益达到最大化的最优土地经营规模的理论决策模型来探讨和分析影响土地流转的各因素从而揭示我国现有农村土地流转市场陷入困境的原因及相应的对策,具有较强的理论说服力。但是我们认为,钱文模型中影响最优土地经营规模的各因素对土地供需双方的决策影响是有差异性的。因此,需要从供需双方各自的角度来分别加以考察,才能更好地解释当前普遍存在的"农民不愿意种地而又不肯轻易放弃土地"从而导致土地流转市场总体上有效供给不足、市场资源配置效率损耗的原因。

1. 影响土地流转供需双方决策的理论模型

(1)参与土地流转的供给方的流转决策模型及其影响因素

对于任何一个在家庭承包经营责任制下有权均等获得土地的农户(民),其对土地的处置面临着两种选择:以家庭为单位自己耕作和把土地全部或部分流转给他人经营。其究竟选择何种方式,从经济学上讲,是由在这两种方式下的净收益大小决定的,只要土地流转所带来的净收益 TU_2 大于或等于自己经营所得的净收益 TU_1,那么农户一般就会选择将土地参与流转。

第一,农户自己经营土地的净收益 $TU_1 = TY_1 - TC_1$。其中 TY_1 是指农户自己经营土地所获得的总收益,包括生产性收益 TY_{11} 和非生产性收益 TY_{12}。即 $TY_1 = TY_{11} + TY_{12}$。

生产性收益 TY_{11} 是指农户通过对土地的经营从土地上所获得的产出。在

---

① 中国农村土地制度研究课题组:《农地使用权流转的公平与效率问题》,《农业经济问题》2006 年第 9 期。

② 钱忠好:《农地承包经营权市场流转:理论与实证分析——基于农户层面的经济分析》,《经济研究》2003 年第 2 期。

其他条件不变的情况下,是由单位土地产品的价格 P 与土地产量 M_1 的乘积,即 $TY_{11} = P \times M_1$。而土地产量 M_1 在不考虑土地的自然禀赋(包括土地的肥力、区位、地形等)及天气等自然因素影响的前提下,是农业劳动生产率 V_1(与生产方式和个人经营能力有关)和土地数量 K_1 的函数,即 $TY_{11} = P \times M_1 = P \times f(K_1, V_1)$。由于土地面积 K_1 在签订承包合同时就确定的,特别是在第二轮土地承包合同后,实行"增人不增地、减人不减地"的政策而使土地承包数量保持一定的稳定性。因此,土地的生产性收益主要决定于单位土地产品的价格和劳动生产率。

非生产性收益 TY_{12} 是指土地给农民所带来的生活保障、子女继承及劳动享受等隐性收益。由于我国城乡二元型经济和社会体制的历史惯性以及"三农"问题的现实约束,土地仍然是大部分农民主要的收入来源和生存依托。因此,TY_{12} 与农民对土地的依赖程度正相关,农民对土地的依赖程度越高,TY_{12} 越大,农民参与土地流转的意愿度就越低,土地流转供给就越小。

TC_1 是指农户自己经营土地所化的总成本。它包括农户投在土地上的固有成本 TC_{11}(如农药、化肥、种子,土地翻耕费用等)、活劳动的成本 TC_{12},以及农民所承担的各种农业税费和摊派 TC_{13},即 $TC_1 = TC_{11} + TC_{12} + TC_{13}$。而 TC_{11} 与土地的经营面积成正比,即 $TC_{11} = ap_1 f(k_1)$,a 为常数,理论上表示单位土地面积所需投入的最佳固有要素量,p_1 为各种农资的单位综合价格。TC_{12} 在理论上虽然可以用农户从事其他产业所获得的收益即机会成本来衡量,但在劳动力转移存在障碍和农业生产本身具有较强的季节性等特点的影响下,使得这部分成本在现实中往往被农民所忽略。这也是导致那些缺乏外出打工门路或无法从事其他非农产业以及家里有老人、妇女等的农户,不肯轻易将土地参与流转,从而导致土地流转供给不足的主要原因之一。TC_{13} 随着国家相关农业税费的取消和切实减轻农民负担政策的落实,总体上有逐渐降低的趋势。因此,为了简化本模型,设 $TC_{13} = 0$,从而 TC_1 将主要取决于 TC_{11} 和 TC_{12} 的大小。综合上述各式,得:

$$TU_1 = TY_1 - TC_1 = P \cdot f(K_1, V_1) + (TY_{12} - TC_{12}) - a \cdot p_1 \cdot f(k_1) \quad (3\text{-}1)$$

第二,农户将土地参与流转的净收益 $TU_2 = TY_2 - TC_2$。农户将土地参与流转所获得的总收益 TY_2 主要来自于几个方面:一是土地的转让价格 $TY_{21} = r \times k_{11}$,其中 r 是参与流转的单位土地的租金,k_{11} 是指参与流转的土地面积,显然对单个家庭来说,$k_{11} \leqslant k_1$。二是农民将土地参与流转后转而从事其他行业所获得的收入 TY_{22},也就等于农户自己经营土地的机会成本 TC_{12},此外还包括一定的土地分红 TY_{23}(在推行农地股份制的地区,农民除获得固定的土地租金外,还

可按照约定的条件,按股取得一定的土地分红)及政府补贴 TY_{24}。① 即:

$$TY_2 = TY_{21} + TY_{22} + TY_{23} + TY_{24} = rk_{11} + TY_{22} + bk_{11} + ck_{11}$$
$$= (r+b+c) k_{11} + TY_{22}$$

其中,b、c 分别表示参与流转的单位土地的分红和补贴。

农户参与土地流转的总成本 TC_2 包括因放弃从事农业生产而失去的土地产品收益 TY_{11}、非生产性收益 TY_{12},以及交易成本 TC_{23}(市场交易总是有成本的,其大小取决于交易市场的发达程度及市场信息的对称性,此外还与社会化组织程度等有关)。即 $TC_2 = TY_{11} + TY_{12} + TC_{23}$,因此:

$$TU_2 = TY_2 - TC_2$$
$$= [(r+b+c)k_{11} - P \times f(K_1, V_1)] + (TY_{22} - TY_{12}) - TC_{23} \quad (3-2)$$

(2)参与土地流转的需求方的流转决策模型及其影响因素

土地需求方或称流入方的总收益 TY_3 来自于经营土地所获得的收益 TY_{31} 以及来自于政府的各种补贴 TY_{32},即 $TY_3 = TY_{31} + TY_{32}$。而 $TY_{31} = P \times M_2 = P \times f(K_2, V_2')$,其中 $K_2 = \sum K_{ij}$,是指流入方的土地经营面积,而 K_{ij} 表示第 i 户农户参与土地流转的面积。V_2 是指土地流入者的劳动生产率。$TY_{32} = c_1 K_2$。c_1 是指单位土地面积所获得的各种农资补贴及政府补助。

流入方的总成本 TC_3 包括投入土地的固有成本 $TC_{31} = ap_1 f(k_2)$,活劳动成本 TC_{32},支付的土地转让价格 $TC_{33} = rK_2$(假定其所经营的土地 K_2 全部来源于土地流转)、交易成本 TC_{23}(假定交易双方的信息是完全对称的,因此双方交易成本相同),故净收益:

$$TU_3 = TY_3 - TC_3 = [Pf(K_2, V_2) - rk_2 - ap_1 f(k_2)]$$
$$+ (c_1 K_2 - TC_{32}) - TC_{23} \quad (3-3)$$

2. 对模型的具体解析

要使土地流转可行并有效率,就必须同时满足以下几个条件:

第一,$TU_2 \geqslant TU_1$,即由式(3-1)和式(3-2)可得:

$$[(r+b+c)k_{11} - P \times f(K_1, V_1)] + (TY_{22} - TY_{12}) - TC_{23} \geqslant Pf(K_1, V_1) + (TY_{12} - TC_{12}) - ap_1 f(k_1)$$

因为 $TC_{12} = TY_{22}$,故整理得:

$$(r+b+c)k_{11} \geqslant [2Pf(K_1, V_1) - ap_1 f(k_1)] + 2(TY_{12} - TY_{22}) + TC_{23} \quad (3-4)$$

第二,$TU_3 \geqslant 0$,即由式(3-3)可得:

---

① 有些地区为了鼓励农民将土地参与流转,由乡镇政府对农户实行双向补贴,即对土地流出方按面积实行 50~100 元/亩的补贴,对流入方在达到一定规模(一般农业企业或公司在 150 亩以上,种粮大户或养殖经营大户在 20~30 亩以上按 100~150 元/亩的价格实行补贴)。

$$[Pf(K_2,V_2)-rk_2-ap_1f(k_2)]+(c_1K_2-TC_{32})-TC_{23}\geqslant 0 \qquad (3-5)$$

第三,在满足条件一、二前提下,使 $TU_2\times TU_3$ 达到最大化的土地流转面积 X_0 就是最优土地流转面积,即:

$$X_0=\max(TU_2\times TU_3) \qquad (3-6)$$

由此,我们模型要讨论的问题就转化为影响土地流转供求双方流转意愿的各因子及影响程度、使供求双方达到效益最大化的最优土地流转规模以及实现的条件。

一般说来,非生产性收益对土地供给方的决策影响要大于对土地需求方。因为,对土地流入方来说,其对土地的需求,往往更多的是出于为获取经济上的收益。因此,我们在土地需求方的决策模型中也就没有考虑土地的非生产性收益对其决策行为的影响。

从式(3-4)分析可知,在农户承包的土地面积 K_1 相对稳定和农户已有的劳动生产率 V_1 的条件下,农户是否将土地参与流转及流转规模大小取决于以下几个变量:$P,r,b,c,TY_{22},TC_{12},p_1$ 和 TC_{23}。其中 r,b,c,p_1,TY_{22} 与农户参与土地流转的意愿度呈正方向变动,P,TC_{23} 与农户参与土地流转的意愿度呈反方向。对单个农户来讲,b,c 的大小在其全部收入中所占的比例很小,因此其对农户参与土地流转的决策所起的作用并不是很大。而综观近几年在传统农产品市场价格持续走低,各种农资价格的上涨幅度甚至超过了农产品价格上涨幅度的背景下,导致土地流转市场供给不足的原因,更大程度上取决于土地对农民的重要性和农民从事其他产业所能获得的收益。可见在农业比较效益相对较低,土地租金难有普遍的大幅度提高的背景下,"农民从事其他产业所能获得的收益及土地对农民的重要性是一个比土地租金更为重要的影响土地流转的因素"(贺振华,2003)。而这两个因素对不同的农户(民)很难有一个统一的量化标准。一般说来,非农产业较发达,农户家庭人均收入较高的地区,土地流转就更为活跃。大量的实证研究,也验证了土地流转市场的发展与地区经济发展和农民收入之间的关系。[1]

从式(3-4)和式(3-5)分析可知,式中 $P,r,a.p_1$ 等变量对供求双方的行为决策有着相互抵充的作用,即这些变量的变化如果与土地供给方的流转意愿呈正方向变动,那么就与需求方呈反方向变动。因此这些因素对谈判双方的决策影响是使各自都能保留土地流转之前的效用,即初始效用而博弈的结果。这样,单方面影响土地流入方决策行为的因素是 $C_1,K_2,V_2,TC_{31},TC_{32}$。而 C_1

---

[1] 林善浪:《农户土地规模经营的意愿和行为特征——基于福建省和江西省 224 个农户问卷调查的分析》,《福建师范大学学报(哲学社会科学版)》2005 年第 3 期。

是与土地经营者的劳动生产率无关的外生变量,其对单个家庭小规模经营的决策影响不大,但随着政府相关支农惠农政策的落实,这部分的收益对于具有一定规模的经营者的决策影响就会逐渐加大。劳动生产率 V_2 显然符合土地需求者理性决策的原则,即决策者愿意流入土地的前提是他认为其个人或企业的素质和能力在从事农业经营活动中具有比较优势。此外,规模经营还有利于改进农业生产方式,即采用机械化耕作一般比手工劳作具有更高的效率。由此我们可以认定,通过土地流转实现适度规模经营是有效率的。

分析式(3-6),假定使土地流转双方各自的净收益达到最大化时愿意流出和流入的土地面积就是有效供给和有效需求,那么,当有效供给和有效需求达到均衡时的土地面积就为最优土地流转面积。图 3-1 所示,SS 为有效供给曲线,DD 为有效需求曲线,X_0 为市场供需均衡时的最优土地流转面积。而如果当市场交易价格为 P_0 时的实际市场供给曲线为 $S'S'$ 时,土地实际供给量为 X',则有效供给不足导致资源配置效率的损耗就为 $(X_0 - X') \cdot P_0$。

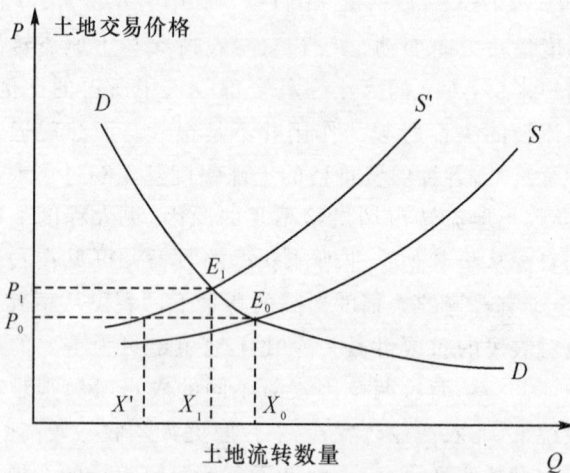

图 3-1　最优土地流转面积供求曲线

3.4.3　研究结论及简要评述

土地的适度集中规模经营是有效率的。但这种效率的发挥有赖于一定的制度环境和经济社会发展水平。现有土地流转存在着"有效供给"不足导致市场资源配置效率的损耗。非农产业的发展和社会支撑体系的完善是提高有效供给促进土地流转的根本前提。农业现代化水平的提高和农业技术的推广,农业劳动力的转移是最终的目标。国家政策的支持和流转市场服务体系的建设是促进土地流转、降低交易成本的必要条件。随着土地流转后土地经营面积的扩大,各种投资也增大,加之农业生产本身的特点,使农业经营大户和企业面临自然和社会风险时所造成的损失也就越大。为此,需要国家政府在继续做好各项支农惠农补贴和资金、税收扶持政策的同时,更要加强对农业保险的投入和支持,扩大现有的农业保险的品种和覆盖范围,设立农业企业风险保证基金,从而培育有效的土地流转需求者。通过土地流转实现提高效率的目标,必须正确看待和处理宏观效益和微观效益、土地经济价值和社会价值的关系。因为通过土地流转进而提高效率,一方面固然来源于土地经营者对土地的更有效率的使用(包括经营管理能力、接受和采用农业新技术的意识和能力、对市场信息的了解和把握能力,等等);另一方面是来源于对土地用途的改变。在现阶段普遍存在"种粮不如种菜,种菜不如种花,种花不如转为建设用地,办工厂、开商店或砌住房出租"的大环境下,如何协调土地流转和保障粮食安全的关系问题,实行最严格的耕地保护制度是事关整个国民经济发展和社会稳定的大事。土地既是一项生产要素,也是重要的社会经济资源。土地的价值包括经济价值和社会价值。基于我国现有社会制度和基本国情,提高土地利用效率更要受制于社会公平的价值理念。土地集体所有家庭承包的制度安排权且并不妨碍提高效率的目标,因为所有权和所有权的实现形式两者是可以耦合的。在同一所有制下可以有多种发展生产力的组织形式和经营方式。更何况按人口平均分配土地并保持农民与土地承包关系的长期相对稳定,也是我国现有社会制度供给约束下的必然选择。此外,对现有的土地流转现状也应有一个理性的认识。农民参与土地流转的意愿虽然主要受经济学因素的影响,但也具有社会学的意义。因为几千年来中国农民对土地有着深厚的"恋土情节",要改变这种已被社会普遍接受的价值认同和情感依赖并不是单纯的经济手段所能奏效的,也不是朝夕之内就可以改变的。所以推动土地流转必须充分尊重农民的意愿,而一味靠强制性的行政推动并不是明智的选择。我国农村能否开展规模经营,也完全是一个因地制宜的问题,而不是土地流转的根本目的。

3.5 土地流转与城乡统筹

城乡统筹是中国现代化进程中为解决历史和体制遗留而作出的重大战略安排。实现城乡统筹的核心就是把城市和农村作为经济社会发展的整体加以考虑和筹划,目标是实现城乡的均衡和协调发展,消除体制和制度性因素引致的城乡发展不平衡和城乡公共产品和服务供给的不平等以最终缩小城乡差距。而城乡生产要素的流动是统筹城乡发展的基础。土地是农村和农民所掌握的最基本和最重要的资源和要素,因此城乡统筹进程中必然涉及农村土地与城市资本和技术的结合以及依附于土地上的农民职业与身份的转变。2007年6月7日,国家发改委正式批准重庆市和成都市设立全国统筹城乡综合配套改革试验区,重庆市、成都市以及全国其他的一些地方相继推出了一系列以户籍改革为突破口,以农村土地改革为纽带的试验。在这些具体的试验方案中,户籍改革、农民进城无不与土地的流转挂起钩来。那么,农民进城是否应以放弃土地权益为前提?土地流转能否实现城乡统筹制度设计的目标?为此从社会公平的视角来探讨城乡统筹中农民以土地换户口进而换保障的逻辑合理性以及具体的操作思路,就能为推进城乡统筹提供新的决策依据。因为作为任何一项制度,其设计和供给的最大特点和目标就在于实现社会的公平。

3.5.1 农民、土地与城乡关系的演变及其特点

农民从本源意义上说,是一种职业概念,指的是从事农业生产劳动和取得土地经营收入的那部分劳动者。然而在中国特定的二元经济和社会结构下,农民又代表着一种身份,是指以农村户籍为标志的以区别于城市居民。[1] 城乡关系是经济社会发展中的基本关系。我国"一直到1949年新中国成立之前,城乡关系的主要表现形态都是城市与乡村的差异和非均衡,城市在政治上统治乡村,在经济上剥夺乡村,城市与乡村的基本关系是统治与被统治的不平等关系,中国社会突出表现为城市与乡村的二元分离与对立"[2]。

新中国成立后,由于以工农联盟为基础的社会主义制度的建立,城乡在形式上确立了一种平等互助的新型关系,然而由于恶劣的国际环境和百废待兴的国内经济状况,国家采取了"工业先导、城市偏向"的发展战略和"挖乡补城、以农哺工"的资金积累模式。工农业产品"剪刀差"就成为农业创造的价值向工业和城市转移的主要形式。[3] 在传统的计划经济体制下,城市居民在享受由国家提供的从"摇篮到坟墓"的社会公共福利的背景下,土地就成为国家提供给农民的公共产品和福利。虽然从新中国成立之初的土地改革到农业合作化以前,法律赋予了农民土地私有化的财产所有权,允许土地的买卖和转让。但在我国整体上还处在以小农经济为主的发展阶段,仅仅作为农业生产用途的土地,其买卖和转让价格都很低,而且不到万不得已,翻身得解放的农民是不会轻易出卖土地的。农业合作化以后,土地归集体所有,农民按照出工的多少以工分的形

---

① 方文:《和谐社会构建中的农民"市民化"问题研究》,《理论月刊》2008年第4期。
② 徐勇:《非均衡的中国政治:城市与乡村比较》,中国广播电视出版社1992年版。
③ 朱庆芳:《城乡差别与农村社会问题》,《社会学研究》1989年第2期。

式获得收益。而在传统的手工和畜力耕作方式下,加之农业生产本身的特点及农业须为工业积累资金,使得农业本身的产出和结余都很低。受城乡户籍制度的严格限制和高度集中的计划经济体制约束,农民被强制性地束缚在土地上。这一时期从微观上看,低产出和低收益的土地承载了农民的一切生计和保障(如就业、医疗、养老等);从宏观上看,由于国家实行城市偏重型的发展战略,加之受国家整体财力有限的限制,造成对农村和农民的生产生活基础设施及公共事业等的投入长时间内严重不足,这是造成城乡差距和工农差别的根本原因。

十一届三中全会后,以家庭联产承包责任制为主要内容的农村改革,极大地解放了农村的劳动生产力,也改变了农民与土地的关系。广大农民得以从土地的束缚中解脱出来。随后异军突起的乡镇企业和城市经济体制改革的推进,为农村劳动力的转移和农民的增收开辟了新的渠道。但是三十多年的改革在使我国"三农"领域取得显著进展的同时,也呈现令人隐忧的局面。正如黄宗智先生所言,今日的中国乡村充满着诸多错综复杂的矛盾现象,"一方面,农村出现了不少的新兴富户;另一方面,贫穷的困难户比比皆是。一方面,部分地区许多村庄显示出可观的经济发展;另一方面,许多村庄经济反而倒退,同时人际关系、社区共同体又明显衰败。……[①]时至今日,从总体上看,城乡间发展不平衡的矛盾并未根本解决,城乡差距仍在不断扩大,最突出的表现就是城乡居民收入差距的不断扩大。1978 年城乡居民收入比为 2.57∶1。随着农村家庭联产承包责任制的推行,农民收入开始增长,与城市居民的收入差距开始缩小,1983年缩小到 1.82∶1。此后城乡收入差距不断扩大,从 1994 的 2.56∶1,扩大到2003 年的 3.24∶1,2005 年城乡居民收入比例为 3.22∶1,至 2008 年我国城乡居民收入比已经超过 3.36∶1,绝对差距超过万元。[②]

3.5.2 城乡关系的现状及其原因解析

虽然自改革开放以来,特别是进入 21 世纪以来,中央政府针对我国"三农"问题的现状和贯彻落实科学发展观要求,自 2004 年以来连续 7 年发布以"三农"为主题旨在指导农业农村工作的中央"一号文件",基本形成了我国 21 世纪农村改革的政策框架。毋庸讳言,虽然每一次中央文件的出台,都是切中我国"三农"问题阶段性发展中的要害,具有极强的针对性。但这些政策仍然停留在"头痛医头,脚痛医脚"的状态,城乡对立和分治的现状并未得到根本性的改观。解决"三农"问题,缩小城乡差距存在实效性的束缚,究其原因主要在于以下几个方面:

---

① 黄宗智:《制度化了"半工半耕"过密型农业[上]》,《读书》2002 年第 2 期。
② 王鹏、杨立勇:《城乡居民收入差距研究综述》,《商场现代化》2009 年第 8 期。

1. 城乡有别的公共产品供给机制是造成城乡差别的主要原因

城乡差别的表现除了居民收入差距以外还突出地表现在教育、医疗卫生、道路交通、通讯设施和治安安全等方面的城乡公共产品和服务的供给上。"长期以来,我国在公共产品的供给上实行两套政策,城市公共产品基本上是由国家提供,而农村的公共产品有相当大的比重由农民自筹资金或通过'投劳'解决。"①新中国成立初期的以城市和工业为导向的经济社会发展战略,造成了农村公共产品的历史欠账太多。改革开放以后,随着人民公社体制的解体,农村公共产品供给的方式和资金来源也由过去的以集体公积金、公益金以及农民个体通过投劳投工方式转变为主要通过按人头和承包田(地)数量为基础的农村"三提五统"和各种农业税收及其附加的方式供给。地方政府、村庄和农民个体仍然是农村公共产品的主要供给者。而且这种负担由人民公社时期在"集体"负担和"工分制"包装下农民感觉不明显而日益显化为由农民个体或家庭负担且货币化。受农村行政管理体制的特点及相关监管制度缺失的影响,导致对农民的各种名目繁多的乱摊派、乱收费、乱罚款日益增多,从而使农民深感负担的加重。为此 2003 年,国家为了杜绝针对农民的各种不合理收费和摊派,切实减轻广大农民的负担,在安徽等 20 个省份试点基础上向全国推开的以减轻农民负担为主要目标的农村税费改革,其主要内容可以概括为"三个取消,两个调整,一个逐步取消"。"三个取消"即取消屠宰税、乡镇统筹款和农村教育集资费等专向农民征收的行政事业性收费及政府性基金和收费;"两个调整"即调整农业税政策、调整农业特产税征收办法。"一逐步取消"即对原统一规定的农村劳动力积累工和义务工则"逐步取消"。事实上,大陆的沿海和中部地区自 2003 年前后即开始全部取消"农村税费",经济发达地区政府财政开始给种粮农户按面积发放农业补贴。2005 年 12 月 29 日,十届全国人大常委会第十九次会议经表决决定,农业税条例自 2006 年 1 月 1 日起废止,中国农民告别了有 2600 年历史的"皇粮国税"。应该说农村税费改革,不仅切实地减轻了农民的负担,而且规范了政府的行政收费行为,促进了农村的经济和民主法制建设。但是由于国家政府并没有相应地创新对农村公共产品和服务的供给机制,使农村税费改革在减轻农民负担、改善农民生活、规范政府行为等方面起到积极作用的同时,也使基层政府的财政资金严重不足,造成农村公共产品和服务供给的严重短缺和滞后。特别是乡镇一级,作为直接与农村相联系的最基层的组织,其承担着农村的大部分公共事务,而现有的财政转移支付仅能维持吃饭财政,甚至不少地

---

① 叶子荣、刘鸿渊:《农村公共产品的供给制度:历史、现状与重构》,《学术研究》2005 年第 1 期。

方尤其是中西部地区的乡镇一级出现大量的挂账和欠账。就拿我国的义务教育为例,国务院发展研究中心的一项调查表明,目前我国义务教育的投入中,78%左右由乡镇负担,9%左右由县财政负担,11%左右由省地负担,由中央财政负担的仅有2%左右。随着农村税费改革的推进,原有的一些农村教育经费投入渠道如教育集资、教育费附加等将不复存在,必然会给乡镇财政增加更大的压力。导致农村基础教育经费缺口较大,拖欠教师工资的现象也时有发生。更有甚者,有些地方的乡镇为了弥补财政资金的不足,还将有限的教育经费挤占挪用,这更加加重了城乡教育资源的不均衡和不平等。而教育是事关农村长远发展的百年大计,其对农村经济的发展和城乡关系的影响是根本性的。

2. 农村劳动力的异地转移与户籍约束及分税制的矛盾是造成城乡差距的又一原因

自20世纪80年代中期以来,随着农村经济体制的改革和农业生产的季节性和弱质性,进城务工经商和外出打工成为许多农民的理性选择,从而形成了我国经济社会发展中的一个特殊阶层——农民工。由于受传统的以户籍为中心的城乡二元经济和社会体制的约束,这些农民工在进入城市从事各种非农产业,实现地域转移和职业改变的同时,却不能顺利地实现由"农民"向"市民"的社会身份的转变。加之"分灶吃饭"的财政体制,各地的财政支撑着本地的公共服务,一些地方财政的公共服务不针对外地人。对于异地转移的农民工就很难享受到当地的医疗、就业保障和子女就学等公共福利。农民工成为游离于农村和城市、介于农民和市民之间的"夹心层"。一方面,他们已完全脱离或基本脱离了以土地为基础的农业生产劳动,土地经营收入已不再是他们收入的主要来源;另一方面,由于他们常年或大部分时间都生活在城市,要承担远高于农村的生活成本而又不享有作为城市居民平等的机会和身份待遇。这是造成城乡差距和城乡关系不协调的又一主要原因。

3.5.3 以公平为主线的城乡统筹与农村土地流转的机制创新

城乡统筹的目的就是要求政府从制度上给予城乡居民以公平的国民待遇。受我国基本国情和特定历史阶段发展战略的制约,土地是国家供给给农民的职业和社会保障的载体。长期以来通过强制性的制度设计,依靠低收益的土地自然功能承载了本该由国家政府所提供的农村公共产品和服务供给,这是造成城乡差距的根本原因。因此,"农村土地制度和政策的改革是解决城乡统筹发展制度性障碍的重要内容"①。

1. 城乡统筹与农村土地流转的关系

当前我国的城乡关系就微观和经济上(不考虑民主选举等政治权利)考察，主要呈现出由表 3-1 所示的对应关系。

表 3-1 我国城乡户籍及相应的权益关系

户籍关系 对应身份 享受的权益	农村户籍	城市户籍
	农民	城市居民
	土地承包经营权及收益权 宅基地使用权 部分社会保障	享有国家政府提供的公共福利和 社会服务及保障

因此实现城乡统筹就是要消除由户籍关系所决定的农民和城市居民享有的权益上的差异。那么在撤除强制性的制度藩篱后，农民究竟选择放弃土地进而成为城市市民并享有相应的权益还是继续拥有土地，完全取决于其根据自身状况而作出的理性抉择。政府的职责就在于提供公平的选择机会和透明公正的程序。因为市场选择说到底就是一种利益的博弈。在公平的机会和公正透明的程序下，相信每一个理性的市场主体都会作出正确的抉择。而在这种博弈中，任何市场主体的选择只能是唯一的，否则就是在尽量消除原有制度不公的目标下而重新制造新的不公。在城乡统筹视域下，取消了户籍和身份的限制也就给了农民和城市居民自由选择的权利。当这些农民转化为城市市民以后，与之身份相联系的土地对于农民来说就不再是一种必不可少的生产资料和保障资料了，土地的承包经营权性质和使用功能也将发生转变。"这种土地承包经营权性质和使用功能的变化有四种选择：(1)让进城农民一方面在城市工作，享有城市的相应社会保障；另一方面继续拥有农村土地承包经营权，占有宅基地和自留地。(2)将进城农民承包的土地和宅基地、自留地归还给农村集体组织。(3)实行土地私有化改革，让农民不但拥有土地承包经营权，而且取得土地所有权，在土地流转市场自由买卖土地。(4)实行进城农民承包土地的国有化改革。现实的较好选择是建立以国有化改革为取向的土地流转制度。"②

2. 公平视域下的城乡统筹与土地流转路径设计

对愿意选择进城的农民所放弃的土地权益实行国有化改革为取向的流转

---

① 朱利芬、罗东奇、李颖慧：《重庆市统筹城乡进程中农民对土地流转的意愿分析》，《重庆工商大学学报(西部论坛)》2009 年第 1 期。

② 廖元和：《统筹城乡关系中的土地流转制度改革》，《宁夏社会科学》2007 年第 6 期。

制度,既体现了社会的公平,也是对公民理性的尊重。那么,对这部分的土地还有一个如何运作的问题。鉴于我国现有土地所有权性质和国家对土地用途的严格规定,城乡统筹中的农村土地要素流转就会呈现以下几个方面的关系:一是农用地的流转,即在不改变农村土地性质和用途的前提下,农用地承包主体和经营主体的变动。二是农村建设用地的流转,即农村建设用地转变为城市建设用地,主要涉及农村集体建设用地的出租、出让、土地入股及农民宅基地流转等。对于选择进城的农民,其原有承包的土地应退出并收归国有同时获得其在城市的就业、医疗、教育、养老等的补偿。然后以乡镇为单位,将这些土地统一集中起来,在符合国家土地用途管制和总体规划的前提下,通过设立专门的机构进行流转。其运作原理类似于城市国有资产管理公司对所属国有企业的资产的运作和经营。土地流转和经营的收益可以部分用于弥补进城农民的社会保障和职业培训等方面的支出。对于进城农民宅基地的流转,可以将其票据化,以"地票"的形式通过市场进行异地流通和转让。所谓"地票",是指包括农村宅基地及其附属设施用地、乡镇企业用地、农村公共设施和农村公益事业用地等农村集体建设用地,经过整理、复垦并经土地管理部门严格验收后所产生的指标,以票据的形式通过土地交易市场公开拍卖。这样既可以让进城农民通过宅基地的置换盘活资产,解决其进城后的居住问题,也可以实现城乡建设用地指标的占补平衡和土地的集约节约使用。有效破解城乡二元用地体制下城市土地供需矛盾日益突出,而农村用地增减率与城镇化进程极不协调,造成大量土地的闲置和浪费的矛盾。在全国农村的不少地方,随着大量农民进城务工和生活后,其在农村的老宅无法处置变现只能任其闲置,甚至出现了所谓的"空心村"。有些农村的宅基地由于缺乏规划和管理,占地面积过大,基本设施功能不全,使用效率极低,造成了土地资源的极大浪费。为此,需要通过市场来合理配置土地要素,提高土地资源使用的效率。但是由于土地资源在地域上的固定性和空间上的不可转移性,通过将其价值"票据化"的地票交易也就成为土地使用制度改革的政策创新,从而使土地要素由空间上不可转移的实物形态资产转化为可交换的虚拟金融资产,使固化的土地资源转化为可流动的资产。2008年12月4日,作为全国统筹城乡综合配套改革实验区的重庆市,经国务院批准,成立了全国首个农村土地交易所——重庆农村土地交易所,探索农村集体建设用地和城市建设用地指标在重庆市远距离、大范围置换的"地票"交易,解开"城市发展扩张缺乏空间,农村建设用地闲置"的疙瘩。重庆市"地票"交易的运作共有4道程序:首先是将闲置的农村宅基地及其附属设施用地、乡镇企业用地、农村公共设施和农村公益事业用地等农村建设用地进行专业复垦,经土地管理部门严格验收后,按增加的耕地面积由市土地行政主管部门向土地使用权人发给相应面积的"地票",实际上是"先补后占"。地票交易的主体没有严格限制,但交易活动必须在土地交易所内进行。第二,地票购买者(如土地储备机构、园区建设单位、民营企业、国有企业、自然人等)所购得的"地票"可以纳入新增建设用地计划,增加存量城镇建设用地。第三,在城市落地使用时,则必须符合土地利用总体规划和城乡总体规划,并办理征收转用手续,完成对农民的补偿安置。第四,对"地票"交易的总量,市政府根据年度用地计划、经营性用地需求情况等合理确定。"地票"交易在解决城市建设用地供需矛盾,确保耕地面积不减少的同时,也充分尊重农民对土地的"发言权"。重庆市明确规定,农村建设用地复垦有农民或农村集体经济组织申请,凡申请农村宅基地及附属设施用地复垦的农户,必须有稳定的工作或生活来源,特别要防止个别不务正业的懒汉、赌徒等乘机将"家当"一卖了之挥霍一通,从而沦为一无所有、流离失所的贫民等状况。农村集体经济组织申请农村建设用地复垦,必须经三分之二以上成员或成员代表同意,防止农村集体经济组织利益受损。当然为了保证"地票"交易价格的合理和公平,要求市场及时发布当地土地流转的评估价格和房地产价格等相关信息,完善市场的信息。

地处杭嘉湖平原腹地的嘉兴市是浙江省重要的粮食主产区和"鱼米之乡"。受制于国家耕地保护红线的约束,嘉兴的农业用地保有率高达86%,远远高于苏州、无锡等周边城市。这意味着嘉兴有86%的土地只能用于农业生产,而农业产出占嘉兴GDP的比重还不到6%。正是由于受制于土地用途管制的瓶颈,使得嘉兴的二、三产业发展和招商引资规模与其对接上海的区位优势很不相称。如何挖掘土地的潜力,做到既能有效地保护耕地面积不减少,又能满足二、三产业发展对土地资源的需求,以便更好地促进嘉兴地方经济发展成为嘉兴地方政府急需解决的重大问题。2008年4月,嘉兴市被浙江省列为三大省级城乡综合配套改革试点区之一,为此嘉兴市启动实施了以优化土地使用制度为核心的,包括就业、社会保障、户籍制度、新居民管理、涉农体制等改革的"十改联动"。以"两分两换"为特征的农村土地使用制度改革就成为此次综合配套改革试点的重要突破口。"两分两换"是浙江省嘉兴市于2008年5月被列为作为浙江省城乡统筹综合改革实验区后启动的农村土地使用制度改革新政策。其基本的含义和具体的操作是:按照"土地节约集约有增量,农民安居乐业有保障"的要求,以"农业生产经营集约,农业人口要素聚集,提高农民生活水平和生活质量"为目的,在依法自愿的基础上,将宅基地与承包地分开,搬迁与土地流转分开,以承包地换股、换租、换保障,推进集约经营,转变生产方式;以宅基地换钱、换房、换地方,推进集中居住,转换生活方式。通过这种方式鼓励农民退出土地,向城镇集聚。土地置换后,不改变土地所有权性质和土地用途。"两分两换"土地流转制度率先在嘉兴南湖区七星镇、余新镇、姚庄镇等地进行试点。对于农民宅基地的流转,农村住宅可以换钱、换房、换地方。该政策创新主要表现在三个方面:一是采用"公寓房结合产业用房、货币补偿"的新型安置模式,农户可自主选择单一或不同组合的安置模式;二是考虑农户实际需求,以及农民置换公寓房存量大和稳定房地产市场等因素,与以往"拆一还一"不同,规定"按照政策认定人口,每人可置换40平方米,每户再加60平方米",适度控制置换面积;三是置换产业用房采取股本经营方式,按6元/平方米/月标准实行保底分红。一些试点镇证明,"两分两换"可以节约大量宅基地,而宅基地的复耕可以弥补非农用地的不足。嘉兴是平原水乡,到处是宜居地,农民大多分散而居,平均户均宅基地占地在1亩以上。经测算,通过该政策,农民置换到城镇住房后,联排或单幢独户的安置户平均占地控制在0.5亩以内,公寓式安置则在0.3亩以内,节地效果明显,实现"土地节约集约有增量"目标,有效拓展发展空间。路、水、电、有线宽带、污水处理等公共设施的配套集中,也大大节约了农村公益事业建设投入成本,极大地改善了农村的公共配套服务。并且对农民的安置房颁发房产证,可以等同城市住房上市交易,从而极大地盘活了农民的存量资产。对于农民承包地的流转,农民土地承包经营权可以换租、换股、换保障。具体包括两个方面:一方面是对土地流转费的补助。以每亩700元为基数,以后每年递增50元的标准,按农户实有的承包土地数量,每年支付给农户土地承包经营权流转费,在享受一般政策基础上再给予每亩500元的一次性奖励,土地青苗补偿费以每亩200元支付。如今后遇土地征用则按征用时政策补足相关费用。倘若流转期内遇粮食价格暴涨,补助费则按每亩每年560市斤晚稻谷×当年价格计算,使农户土地经营权收益得到充分保障。另一方面是对农民参加社保进行补助。土地流转后,农民凡是非农就业的,3年内必须实现养老保险的全覆盖;对已经进入老龄阶段的农民,逐步提高养老保险的待遇。具体颁发是:按政策认定的人口,16周岁以上补助12000元、16周岁以下补助4000元的标准进行"参保"补助;60周岁以上农民一次性办理城镇居民社会保险手续,次月起享受城乡居民社会养老保险中的城镇居民养老保险待遇;16周岁以上、60周岁以下农民直接按城镇居民缴费基数办理年度缴纳手续,解决农民社会保障问题,从政策上保证"农民安居乐业有保障"。为了积极鼓励土地流转后农民就业创业,嘉兴市各试点镇都出台一系列扶持政策和措施。主要措施为对已全部流转土地承包经营权且有就业愿望和就业能力的人员,按无地失业人员开展就业再就业援助和服务。建立健全镇、村就业服务平台,成立再就业服务中心,各村聘用1-2名专(兼)职社会事务员,加强就业援助和就业推荐。对低保家庭就业实行托底安置,由政府出资向用人单位购买公益性岗位,用人单位为其签订劳动合同和缴纳社会保险费。加强职业技能培训,促进农民转移就业和自主创业。对经创业培训合格并成功开业的人员,给予每人 1000 元的创业扶持。建立自主创业小额担保贷款,对自愿全部放弃土地承包经营权人员自主创业自筹资金不足的,可申请 5 万元以下一次性小额担保贷款,现已发放创业贷款 200 多万元。

可见无论是重庆市的"地票"交易,还是嘉兴市的"两分两换"政策,在城乡统筹的进程中,农民的市民化,无不与农村土地要素的流动联系在一起。农村土地流转成为推进城乡统筹改革的重要环节。

3.合理确定土地流转收益分配的原则

近几年,随着城镇化和工业化的推进,一些城郊结合部凭借特有的地域优势,其所处地方的土地价值和集体资产价值不断升值,使得这些地方的农村集体组织通过集体土地及房屋的出租、出让、土地入股等方式积累了大量的集体资产,村民也因此获得了丰厚的分红收益。对于这部分集体收益,选择进城的农民也应有权获得一定的补偿。因为这些集体资产的积累和增值有一个时间的累积过程,也是一个非成本投入性的自然价值增值的结果。作为曾经的本集体组织的一员,理应有权平等地享受。具体的操作,笔者认为可以将集体资产作价设股,原则上可分设"人口股"和"农龄股"("农龄"应以在本村居住即户籍在本村的起至期限为依据,主要是考虑到现有在籍人员对本村集体资产积累的贡献大小)。当然,"人口股"和"农龄股"的具体折算比例可以根据具体情况由所在村的农民集体讨论决定,城乡统筹其最大的目标就在于实现制度的公平。那么在允许农民放弃土地权益进城成为城市居民的同时,是否允许反向的选择,即允许城市居民在放弃市民的权益后而成为农民?虽然从公平的角度看,有其内在的合理性。但是从历史和现实结合的角度考察,由于长期以来,我国实行的都是以农补工、挖乡补城的发展战略,实行城乡统筹的初衷也就在于在工业化发展到一定程度后,通过工业反哺农业,城市支持农村来解决城乡间的历史差距。从现实来看,随着城市经济体制的改革,出现了大量下岗失业和困难职工群体。而随着国家新农村建设的推进及各种惠农支农政策的出台,一些地区的农村特别是一些区域内的城乡结合部的农民生活日渐富裕。如果在允许农转非的同时也允许非转农,从市场选择的角度看,必然出现区域内城市困难职工向富裕农村的迁徙。而在我国目前的体制下,农村集体是一个自治组织,如同一个股份公司,对于是否接纳新的股东入股,更大程度上取决于全体股东大会的决定,并不是由政府所能操纵的。更何况如果让城市市民在城乡发展的不同阶段都有选优的权利,这也是不公平的。因此解决区域内城市市民间的差异不能以侵蚀农民的利益为依托,而必须通过城市内部来解。据杭州网 2010

年 6 月 29 日的消息，[①]2010 年年初，义乌市委组织部接举报称：一些公务员纷纷将把户口迁到农村，争相"当农民"，形成了独特怪异的"农村公务员"现象。原来，他们看中的是农村户口所附带的征地补偿费、集体经营分红等利益。由于义乌村级集体经济发达，随着新农村建设步伐的加快和城市化的推进，使得农村户口称为"香饽饽"。在不少农村，只要拥有本村户籍，不仅可以分到可观的宅基地和集体经济分红，还可以获得旧村改造补偿等利益。在寸土寸金的商城义乌，特别是在位置较好的城中村或城郊村，一个农村户口，直接经济利益就可能高达五六百万元。为此，部分手捧"金饭碗"的国家机关公务员就动起了"非转农"的歪脑筋，截至 2010 年 6 月，义乌市共有 195 名公务员拥有农村户籍，其中有 94 人是在参加工作后利用户籍制度放宽之际将户口嵌入农村的。目前义乌市政府用了一个多月的时间，将户籍在农村的公务员全部迁回城市社区或工作单位的集体户，对拒不配合者，先免职再清理其农民身份；今后再出现这种情况，市管干部一律免职。

3.5.4　简要的小结

　　城乡统筹是在我国经济社会发展到一定阶段为缩小历史和体制累积的城乡差异而由政府提供的一个可供公民公平自由选择的渠道和平台。"由于受区域自身发展实际和外界的影响，城乡统筹本身就是一个动态的发展过程，经济发展的不同阶段，城乡统筹的内容和目标也在变化，城乡统筹也绝不是完全的对等或均分，不同发展阶段的适度偏向也是正常的。"[②]因此，城乡统筹并不是也不可能实现城市和农村、农民和市民的完全均等化。现阶段对于不同质的农民群体其选择"市民化"的主观意愿也存在着很大的差异。例如，对于处于中心城市近郊的农民，由于其本身受城市辐射的效应较强，当地的非农产业较为发达，农民非农就业机会多，公共基础设施和服务也较为完善。如果实行城乡统筹让其以放弃农村的土地权益而换取城市户籍及相关保障并不具有多大的吸引力。而对于那些相对处于区位劣势的远郊农民来说，其对户籍改革的态度显然要热情得多。更何况同一地域内的农民个体之间也存在着巨大的差异。因此，城乡统筹必须充分尊重农民的意愿。只有当农民成为一种职业而非身份的时候才是城乡差别真正消除的标志，也才能使农民真正摆脱纠结与土地的离乡进程和返乡为农的两难选择。

---

① http://news. hangzhou. com. cn/zjnews/content/2010－06/29/content_3334528. htm。

② 刘荣增：《城乡统筹理论的演进与展望》，《郑州大学学报（哲学社会科学版）》2008 年第 4 期。

4 农用地(农村承包地)的流转

按照我国《土地管理法》的规定,土地按照所有者的不同分为城市国有土地和农村集体土地;按照用途的不同分为农用地,建设用地和未利用地。农用地是指直接用于农业生产的土地,包括耕地、林地、草地、农田水利用地、养殖水面等。鉴于本课题研究的范围和内容,本章所指的农用地仅指用于农业生产的耕地。农村实行家庭联产承包责任制后,农村的耕地按照农业人口由农户家庭承包经营。因此,本章所指的农用地流转也仅指农村承包地经营权的流转。

4.1 农村土地承包经营权流转的含义

土地承包经营权的流转是指拥有土地承包经营权的农户在自愿公平原则下将土地的承包权或使用权转让给其他农户或经济组织的行为。目前各地承包地的流转主要有两类:一类是农户之间或是出于规模化、专业化经营的需要或是因外出打工或经商以及改变承包制下土地过于细碎化而带来的耕作不便和其他原因而引起的自发的土地流转,包括转让、自主转包、出租、互换等四种类型。由于这种流转方式大多出于农户之间的自发和自愿,且具有可逆性,即原承包户到时候可以收回土地,一般也没有改变土地的用途。因此,这类流转尽管大多是凭口头协议,但引起的纠纷和利益纷争却较少。另一类是集体主导的土地流转,包括委托转包、入股、土地信托、反租倒包等多种类型。这种形式下的土地流转由于没有改变村集体经济组织或村委会与集体土地的关系,村集体经济组织作为全体村民利益的代表,只要在充分征求农民意见的前提下,依法签订相关的合同并实行有效的监督,通过土地的合理流转,从而有利于农业产业结构的调整和专业化、产业化经营,也有利于壮大集体经济和增加农民的收入。

4.2 农村土地承包经营权流转的方式

不管是农民自发的流转还是村集体主导的流转,目前农村土地承包经营权的流转方式大致有以下几种。

4.2.1 转让与转包

根据农业部 2005 年 1 月颁布并于当年 3 月 1 日起施行的《农村土地承包经营权流转管理办法》第 35 条的规定,"转让"是指承包方有稳定的非农职业或者有稳定的收入来源,经承包方申请和发包方同意,承包方将部分或全部土地承包经营权转让给其他从事农业生产经营的农户,由其履行相应土地承包合同的权利和义务。转让后原土地承包关系自行终止,原承包方承包期内的土地承包经营权部分或全部灭失。"转包"是指承包方将部分或全部土地承包经营权以一定期限转给同一集体经济组织的其他农户,从事农业生产经营。转包后原土地承包关系不变,原承包方继续履行原土地承包合同规定的权利和义务。接包方按转包时约定的条件对转包方负责。据我们对一些地区的实地调查和个别访谈,现实中农民对承包地是否可以不经发包人同意而私下转包存在着不同的理解。从调查统计来看,大多数农户认为土地承包后可以进行私下流转,说明农民对承包土地拥有较大的转包权。也有不少农民认为不能进行私下流转,这反映出农民转包权在实际中受到的具体限制。不少学者认为,转让与转包的区别在于:转让后,转让人不再享有土地承包经营权,受让人直接成为土地承包经营合同的当事人,对发包方承担义务。转让的实质是农户永久性地失去承包土地。按照《土地承包法》第五条的规定,"农村集体经济组织成员有权依法承包由本集体经济组织发包的农村土地,任何组织和个人不得剥夺和非法限制农村集体经济组织成员承包土地的权利"。可见,土地承包权是集体组织成员的成员权,那么允许农户将承包地一次性地永久转让,就会产生以下几个问题:一是当这种转让发生在本村村民与外村村民或经济组织之间时,那么在第二轮土地承包合同期满后,这一已经永久性转让掉的承包地该如何处理,承包地所在的集体经济组织或村民委员会是否能够收回该承包地?原转让方是否还享有下一轮的土地承包权?二是当这种转让发生在本集体经济组织成员内部时,当第二轮承包期满后,在下一轮的承包中,原承包地的转让方和受让方是否仍然享有平等的承包权?这种转让与土地的买卖又有何区别?对此,法律都没有作出明确的说明。现实中这种土地的转让也时有发生,这种转让大多是农户之间私下进行的,村委会或集体经济组织大多没有建立相应的土地流转的档案,而且土地转让后,受让方也主要将土地用于建造房子、盖厂房等而改变了土地的用途,村集体对此也缺乏有效的监管。因此,有学者建议立法应该取消"转让"这种土地流转方式。[①] 但是正如我们在第二章中所论述的,我们认为,土地承包经营权的一次性转让尤其是发生在非同一社区内成员之间的转让所产生的影响从全社会的宏观层面来讲最重要的还在于对于转让后土地用途的管制。至于对于作为土地所有者的某一集体经济组织及其社区内的其他成员的权益所产生的影响,可以结合各地的具体情况因地制宜地解决(例如在实行农地股份制的地方,可以通过调节相应的股份)。

4.2.2 出租与互换

出租是指承包方将部分或全部土地承包经营权以一定期限租赁给他人从事农业生产经营。出租后原土地承包关系不变,原承包方继续履行原土地承包合同规定的权利和义务。承租方按出租时约定的条件对承包方负责。出租是目前农村土地流转中非常普遍的形式,它是建立在承包权和经营权分离的基础之上的,承租人享有对土地的经营权,土地的发包方与承包方的承包合同关系不变。土地的承包方大多是经营农业生产的种养专业户或现代农业公司。农民通过土地流转除获得土地租金收入外,还可通过外出从事别的行业或到农业企业打工获得经营和劳动收入,大大促进了农民的增收。

互换是指承包方之间为方便耕作或者各自需要,对属于同一集体经济组织的承包地块进行交换,同时交换相应的土地承包经营权。互换一般是建立在农户之间自发的,经过双方的协商一致并大多以口头方式达成的流转,一般也不会导致农户失去土地。这主要是为了解决承包地发包时"远近搭配、抽肥补瘦"而造成的土地细碎化而带来的耕种不便。互换目前大多发生在同一村落内部之间,对于非同一村落之间的互换,虽然有理论上的可行性,例如 A 村甲家的地块在靠近乙村 B 家附近,而乙村 B 家的承包地又靠近 A 村甲家,那么只要甲与乙协商同意,就可以实现互换。但是由于 A 与 B 分属于不同的村落,这种村外的互换还涉及承包地的所有者代表——村集体经济组织之间的关系,而农村村落又是一个属地性较强的组织,因此这种互换在实践中还有待于要通过建立一套相应的程序和原则才能得到认可和保护。

---

① 孟勤国:《中国农村土地流转问题研究》,法律出版社 2008 年版,第 75 页。

4.2.3 土地入股

根据《农村土地承包经营权流转管理办法》第六章第 35 条的解释,所谓入股是指"实行家庭承包方式的承包方之间为发展农业经济,将土地承包经营权作为股权,自愿联合从事农业合作生产经营;其他承包方式的承包方将土地承包经营权量化为股权,入股组成股份公司或者合作社等,从事农业生产经营"。《中华人民共和国土地承包法》第四十六条规定:"荒山、荒沟、荒丘、荒滩等可以直接通过招标、拍卖、公开协商等方式实行承包经营,也可以将土地承包经营权折股份给本集体经济组织成员后,再实行承包经营或者股份合作经营。"法律虽然规定了不同的承包经营权(采用家庭承包方式和不宜采用家庭承包方式的"四荒地")入股的方式,但是对于如何入股,具体采用何种入股模式法律没有做进一步的说明,导致在实践中土地股份制的内涵和形式也多种多样。广东南海市在早在 1992 年就推行了农村土地股份合作制。尔后,广东珠江三角洲的其他地区、江苏、浙江等经济较为发达的长三角地区以及河南、湖南、四川等地区也相继开始了土地入股经营的试点。以入股方式流转土地承包经营权,对于完善我国土地承包经营制度,形成新的资源配置机制都具有重要的意义。土地股份制的推行,农户将按人口分得的承包地折合成一定的土地股份交由村集体统一经营,形成集中成片,便于规模化经营和机械化耕作,从而克服家庭承包制下土地分散小规模经营的局限性。土地的集中利用也是工业化的内在要求。当农村地区要推进工业化时,还要解决中国农村所具有的社区封闭性和土地的零散分布格局问题。由于农民手上的地都是条块地、插花地,没有完整的成片的土地,而大一点的企业,一要地就是十几亩或几十亩,不要说一家一户的农户不能满足这种用地要求,就是村小组也不容易选中一块用于工业开发的成片土地。企业家一般也不会直接找农民而往往是与村集体进行接洽协商。如果农民有意向到外面去找企业家和投资人时,还要靠村集体组织出面。再加上集体农地转为非农建设用地时还要办手续,经过镇、市几个部门,一家一户去操办的成本就更高了。办完农地转用手续以后,还要搞"七通一平"等基础设施建设。这需要一定的财力。于是集体经济组织便以集体土地所有权的合法代表的身份,利用手中的资金,担当起土地开发和推进农村工业化的角色。土地股份制也遵循了承包制下农民对承包地的成员权公平原则,"人人有份"的制度安排使成员权得到了切实的考虑,保证了股份制与原有承包制的衔接,也容易为农民所普遍接受。配股对象以社区户口为准则确定,并根据不同成员的情况设置基本股、承包权股和劳动贡献股等多种股份,以计算不同的配股档次,按股权比例分红。这种制度设计也较好地解决了第二轮土地承包期内"增人不增地、减人不减地"而带来的新增集体成员对集体财产应该享有的成员权与防止土地频繁调整稳定土地承包关系之间的矛盾。按照"调股不调地"原则,通过对相应股份的调整就能较好地解决这一矛盾。

当然土地股份制作为一种新的制度创新,既涉及相关的法律问题,也存在着实践操作中的矛盾。

首先,集体组织与农民之所以能在土地股份分红权置换原来的土地分户承包权上达成交易,其中根本的一条就是土地在集中使用后的经济价值要高于分户经营时的经济价值,从而能够保证集体经济组织和农民的双赢。在目前土地非农化收益要远远高于农用收益的背景下,许多地方的集体组织通过土地股份合作制的形式将农民的承包地与合作单位以入股的形式搞各种开发甚至变相搞房地产开发,特别是在各地的城郊结合部大量违规出现的"小产权房"就是一个典型的情况。上海南汇县以白玉兰大道建设为试点,试行土地使用权作价入股方式,按照每亩承包地每年 800 元的价格向农民发放耕地补贴费,并按每年2%的比例递增,以此作为农民土地入股的红利。土地使用权入股的年限原则上为 30 年,如若干年后某地块因开发而被征用,则连同道路用地一起带征,被征地后的农民享受征地有关政策和补贴,同时停发耕地补贴费。[①] 这种旨在规避国家保护耕地法律的入股分红试点,已经不是正常的土地流转。

其次,由于村民享有的股份分红具有很强的福利性质,又是由本集体组织成员所独享的权益,加之随着城乡户籍制度的改革,在现实中也产生了众多的纠纷。例如据蒋三省对广东南海区的调查(事实上在其他搞土地股份合作制的地方也都存在类似的情况),在一些推行股份制的村子,普遍出现两种现象。一种是,原来征地后,农民都热切地转为居民,而现在有了股份分红以后,不仅村民不愿意出去当居民,而且原来转为居民的村民现在反而要转回为村民了。第二种现象是在南海普遍出现的外嫁女问题。分田到户时有些外嫁女嫁到城镇,不能把户口迁到城镇,她们向村里提出不要承包田,因为当时要交任务,不划算。搞股份制后,不用耕田,一个劳力 1 年可分几千元。她们提出,我户口在这儿,为何不给分配权? 有个六联村,前几年就有 100 多名外嫁女以要求保护妇女儿童权利的名义,到省政府、人大上访。另外,由于按照章程,一娶媳妇,一登记,就可以享受这里的福利。有些村民为了得到村里的福利,很快把女方户口迁过来,以争取尽可能早地享受各种福利。尽管此举会招致本村人乃至家里人的非议,但也在所不惜。村里的人这样议论道,你不摆酒,也没拜堂,过几年又不见了,还分红,他们结婚的用意何在? 有的甚至引起了父母和兄弟姐妹的

---

① 参见白文华:《积极探索土地使用权流转机制创新形式》,《上海农村经济》2001 年第 2 期。

不满,还发生了家庭纠纷。有一个区的村民,4 年结了 3 次婚,第一年结、生、离,第二年又结、生、离,女方只要迁进来了,就是离婚了,也不能赶走,还得照给福利。在有些村子,外出当兵、求学的村民也大多不愿意将户口随迁,甚至有些已经在城市买房落户工作生活多年的人也同样享受着村里的分红。据中国广播网 2010 年 10 月 28 日的消息:"重庆多所大中专院校被指强制学生'农转城',并将转户与学生毕业证书颁发、资助、奖学金和评优评先等挂钩。"①这一消息背后的潜台词也就是在户籍制度改革过程中,历史与现实体制转轨中的脱节所出现的利益的博弈。

第三,由于我国幅员广阔,各地农村所处的自然、经济和社会发展条件差异大,在沿海一些经济发达地区和各地的城郊结合部,二、三产业较为发达,工商业和农业产业化经营用地需求大,农民非农就业机会较多,土地的依附性较低,这就使得土地的供需两旺,流转价格较高,农民的土地分红也就很可观。而在一些经济落后地区,交通不方便,信息闭塞,肯来落户的工商企业较少,土地流转价格不高,而农民对土地又有着较强的依附性,一旦土地流转受阻,就会严重影响农民的生计。因此,土地股份合作制还应坚持因地制宜的原则。

第四,由于目前施行的农村土地股份合作制是基于股权的社区化倾向而具有相对的封闭性。从集体资产作价评估到确认股东资格、从股权设置到股份分配、从存量配股到增量扩股、从股权管理到股红分配、从股份合作经济组织经营管理到收益分配,都严格限制在社区范围之内,社区之外的个人和法人资本不能进入,社区之内的股权不能流出。这种格局,使社区股权凝固,不具有流动性,弱化了股权的资本性功能,造成了产业布局的分散和资本规模狭小,影响了人口与资本的流动和产业的集中与升级。尤其是一些远离城镇的村社,依靠集体厂房、店铺出租增加社区收益的能力越来越弱,继续依赖租金收入维持股份分红不断增长的可能性越来越小。二是它的社区福利性。社区集体组织通过给农民配置股权、参与分红的形式,来换取农民直接分包经营集体资产尤其是土地的权力,实行统一规划、经营和开发,取得了较大成效。但由于大都实行股权无偿配给,并执行"五不准"的要求,即股权不得转让、不得抵押、不得继承、不得赠与、不得抽股,"人走权失",而且在大部分社区,股权还要进行定期调整,个人股权只是分红依据,不能转让、继承、赠送、抵押,农民退出社区利益得不到补偿,使股权具有极高的社区福利性。从社区股权的高福利性来看,股份合作经济组织的增量收益全部按福利股份分配,不仅在社区成员之间无法体现增量收益公平分配的原则,也不利于股份合作经济的进一步增值;而且大部分社区设

---

① 《中国广播网》2010-10-28,http://news.sina.com.cn/c/2010-10-29/151521378368.shtml。

置单一的福利性股份,使股份合作经济组织资产运营的好坏,不影响股东福利分红水平,股东不直接承担经营性风险,违背股权的基本属性,这将为进一步推进股权的资本化、社会化流转带来极为不利的影响。三是股权值确定缺乏经济合理性。从股权的设置看,不同社区股权数量、股值确定的标准和配股计算系数不同,有的满股为 20 股,有的满股还不到 2 股,社区之间人均股权数量差别较大。更大的问题是,由于每份股权所含的资产净值太高,最高的可达几万元 1股,最低的也达近万元 1 股,这给股权流转带来较大困难。

第五,土地入股在本质上是一种经营行为,任何经营都有风险。而土地股份公司或合作社一旦经营不善导致资不抵债需要破产清算,用于入股的土地承包经营权并不能作为破产财产而用于清偿债务。我国农村土地是农民集体所有而不是农民个人所有,这就决定了农村集体享有所有权的土地不能作为责任财产,法人可以因破产而消灭,农民集体不能因破产而消灭,而且土地之于农民的重要性也不能成为责任财产。可见,在我国农村土地股份制还存在司法解释上的困境。

4.2.4 土地承包经营权的反租倒包、土地信托

反租倒包、土地信托实际上就是由村集体主导下的土地承包经营权流转方式。所谓反租倒包是指村集体根据群众意愿,将已经发包给农户的土地以一定的价格反租(反包)回集体,村集体经过对土地的适当整理(如土地平整、排灌溉设施的改良等)再将土地以更高的价格发包给本集体组织的农户或租赁给集体经济组织以外的经营者。这种方式实际上是将土地承包经营权经过二次转移:一是初次流转,即农户将承包地转包给村集体,由村集体支付转包费给农户。二是再次流转,即村集体再将土地转包给第三方,由第三方支付转包费给村集体。这种流转方式,可以大大降低农户单独经营的风险,有利于改善土地生产的条件。据我们对浙江绍兴市新昌县的调查,该地区在采用反租倒包方式流转土地时,将土地从农户手中返租后,再将相对集中连片的土地出租给农业经营公司,农户可与农业公司签订承包某一地块的合同,并由公司统一配种,统一收购,耕种的农机具和排灌溉设施等也都由公司统一购置和改善。这就大大降低了农户单独分散经营的固定成本的投入和经营风险。当然反租倒包必须充分尊重农民自愿的原则,防止一些地方借此强行收回农民的承包地。

土地信托是指土地信托服务组织接受土地承包者的委托,在坚持土地所有权和承包权不变的前提下,按照土地使用权市场化要求,通过运用一定的方法,实施必要的程序,将其拥有的土地使用权在一定期限内依法、有偿转让给其他单位或个人的行为。前几年在浙江的绍兴、宁波等地都出现过这种土地流转的

方式。2002年随着浙江省在全国率先取消粮食定购任务,实行粮食购销市场化。绍兴县委、县政府进行了调查研究,决定用市场经济的理念,采用信托的方式加快和改善土地流转,并组织县农办等部门在柯桥镇进行了土地信托服务和土地流转试点,主要开展三项土地信托服务:一是土地流转前的土地使用权供求登记和信息发布。登记、汇集可流转土地的数量、区位、类别等情况,接受土地供求双方的咨询,多渠道、多形式向辖区内外及时发布土地储备和可开发土地资源的信息,推荐可开发项目。5000亩海涂通过农业信息网进行网上发布,柯桥镇10多个村的2200亩土地通过信息发布会进行公布。二是土地流转中的中介协调和指导鉴证。协调流转双方提出的有关事宜,在平等协商并取得一致的基础上,落实契约关系,办理合同鉴证手续。三是土地流转后的跟踪服务和纠纷调处。主动帮助土地经营者进行开发项目的可行性论证,在信贷、技术、物资等方面开展横向联系,并在法律和政策范围内协助调处土地经营中引起的纠纷,维护土地所有者、承包者、经营者三方的合法权益。

土地信托这种土地流转方式通过信托中介组织沟通了土地流转供需双方的信息,促进了土地的流转。但是由于村集体、信托中介组织、农户三方的责权利没有能够很好地加以规范和明确,加之信托的时滞与农业生产经营的季节性之间的矛盾,一旦信托中介接受农户的土地信托后,在一定时间内未能将土地流转出去,而农业生产又具有较强的季节性,一旦过了相应的播种时节,就会给农民带来损失。而信托中介(大多是由当地乡镇政府组织的,并不具有独立的社会法人资格)、村委会又难以承担对农民的赔偿,因此这种流转方式在取得一定经验的同时也带来了一问题,为此需要在实践中进一步规范。

4.3　影响农村土地承包经营权流转的因素

土地承包经营权的流转作为一种市场交易行为,必然受到市场外部环境、市场组织程度和市场交易双方行为的影响。其中农户作为参与土地经营和流转的利益主体,他们的意愿和行为对土地流转的规模、流转机制和流转模式的选择都有着根本的影响。而目前理论界大多通过对样本地区的实证调研,利用所获的数据,通过建立数理模型,运用一定的分析方法来解析影响土地流转的各因子及影响度的大小。唐文金[①](2008)以四川省南充市为调研样本通过分别建立流出户和流入户的行为模型,从理论和实证两方面分析和验证影响样本区

———————

① 唐文金:《农户土地流转意愿与行为研究》,中国经济出版社2008年版。

农户土地流转的因素及影响维度。曹建华等[①]利用山西、河南、安徽、江西、湖北和湖南等中国中部六省农户收入情况的统计资料,运用市场供求模型,估算土地流转带来的供求双方农户的经济福利。何乐为[②]选取浙江省不同经济发展水平的杭州、宁波、嘉兴、绍兴、温州、台州、丽水等 7 市 15 个镇 17 个村的样本调查,设置了"农户家庭特征、家庭收入状况、市场交易制度、产权制度安排和政府行为"等五类影响农户土地流转意愿的变量,运用 Logit 回归分析模型论证影响农户土地流转意愿和行为的显著和不显著因素。邵景安[③]等通过对重庆不同经济类型区七个村的调查分析,对不同地区土地流转的规模分布、农户流转土地的方式、影响土地流转的原因、土地流转前后的用途、土地流转期限等问题进行了调查比较和验证。尽管学者选取的样本地区不同,研究的切入点各异,但是土地流转的经济学意义就在于要形成使流转双方的效用达到最大化均衡条件下的最优土地流转规模。同时在我国特定的城乡二元经济社会结构下,农村土地流转除了主要受经济学意义上"经济人"假设条件下的理性因素影响外,还受社会和传统习俗、农民教育认知、心理认同等非理性因素的影响。因此学者们对不同地区样本的实证研究,虽然较好地揭示了所调查地区的真实情况,并且通过建立数理模型和运用统计的方法对各影响因子作出定量的分析和解释。但是由于受样本地区自然、经济、社会、历史传统等因素的影响以及调查方法、受访对象素质和态度等非可控因素的影响,往往会使调查的数据和结论存在一定的偏差。因此,我们在借用学者对各地实证研究和定量分析成果的基础上,更需要综合对土地流转双方行为产生影响的因素,从宏观和微观的视角对影响农户土地承包经营权流转的因素做一般意义上的定性分析。

4.3.1　影响农村土地承包经营权流转的宏观因素

(1)当地经济和社会发展水平。一般说来一个地区的经济发达和农民收入水平高,特别是二、三产业较为发达的地区,农民对土地的依赖性较弱,农民参与土地流出的意愿较为强烈。土地流转的规模就较大,不少的实证研究也验证了这一点。

(2)当地所在的自然环境和地理条件。当地所处的气候、水土等自然环境

---

① 曹建华、王红英、黄小梅:《农村土地流转的供求意愿及其流转效率的评价研究》,《中国土地科学》2007 年第 10 期。

② 何乐为:《经济发达地区农户土地流转亿元影响因素研究——基于浙江省的调查分析》,《绍兴文理学院学报》2009 年第 7 期。

③ 邵景安、魏朝富、谢德体:《家庭承包制下土地流转的农户解释:对重庆不同经济类型区七个村的调查分析》,《地理研究》2007 年第 2 期。

和交通、信息等地理条件,一方面决定了土地的质量和产业的发展特色,例如在一些山区,可利用独特的自然条件,发展具有地方优势和特色的农产品,特别是瓜果、蔬菜、茶叶和禽蛋等种养殖业,以及发展休闲观光、旅游等特色产业。如果依靠单个农户各自种养粗放经营,由于受资金、技术、集约化程度等的影响,其效益往往较低。而一些种养大户和公司通过土地流转后的规模化经营和资源开发,发展具有一定科技含量和绿色环保的特色农产品和农业休闲观光旅游就能取得较好的经济效益,从而有利于促进土地流转。对于同一区域的不同地块,交通便捷和区位优越的地方土地流转动力强于交通闭塞和区位欠佳地方。另一方面交通方便,对外信息流通便捷往往有利于工商企业的落户。

(3)当地政府对土地流转的重视和组织程度的高低。地方政府对土地流转越重视,流转市场的组织化程度越高,往往有利于促进当地土地流转,降低土地流转的交易成本,土地流转也越规范。

(4)农村社会保障程度。社会保障的完善程度对农民是否愿意离土和采取何种方式离土具有决定性作用。医疗、子女教育、养老等相应的社会保障程度高,农民参与土地流转的意愿就越强烈。

(5)国家相关的支农惠农政策。国家对农业的各种政策优惠和奖励措施,对土地流转会产生直接的影响,特别是对种养殖大户扩大经营规模会产生积极的促进作用。

4.3.2 影响农村土地承包经济权流转的微观因素

土地流转的宏观因素会直接对土地流转的微观主体参与土地流转的意愿和行为产生影响,但是,参与土地流转农户自身的内在因素也会影响土地流转。虽然农村土地承包经营权的流转是一个涉及流出和流入双方的事情、意愿和行为。但从目前农村土地承包经营权流转的现状看,由于土地之对于农民关系的紧密性,制约目前流转比例总体上不高的主要方面还在于土地流转的供给方,而且在承包制下参与土地流转的供给方即土地流出方都是单个的农户。而土地流入方的情况就较为复杂,既有单个的农户出于亲戚朋友间赠送或代耕代种的,也有种养大户通过租赁方式流入的,更有工商企业等通过连片承包、租赁或土地入股等方式流入土地的,影响其流入土地意愿的因素和影响程度也较为复杂。因此,我们将对农户微观因素的考察视角定位于土地的流出方。

(1)农户的年龄结构和文化程度、身体状况。一般说农户年龄较大、文化程度低、身体状况不佳,外出打工和从事非农产业的机会较少,因此其参与土地流出的意愿较低,而流入土地的意愿相对较强。但这种土地流入大多是亲戚朋友因外出打工经商而代为耕种的方式。反之,对于农村青壮年劳动力和文化水平较高的农民,由于外出从事二、三产业的能力较强,对农业生产的依赖程度较低,脱离农业生产可能性较大,因而转出土地概率和意愿相对较大,而转入土地概率和意愿相对较小。当然,也可能存在部分年轻力壮和具有一技之长的农民,他们愿意务农种地发展农业生产;也可能存在年龄较大和文化程度较低的农民,受自身经营能力和知识技能限制,并不存在转入土地的意愿。

(2)农户的家庭结构、人均拥有土地的数量、非农收入占比。一般说农户家庭劳动力缺乏,人均土地占有数量低,非农收入占家庭收入比例高,更愿意将土地参与流转。但是由于农民的恋土情节和传统观念,有时也会作出逆向的选择。例如一些家庭人均土地拥有量较少、非农收入占比很高的农户,并不在乎土地流转的那点收入,而更愿意将土地自己耕种甚至作为一种精神消遣和锻炼身体的手段。

(3)农户所从事职业、是否有手艺。农户从事农业经营活动的时间长短和经验,是否有特殊的手艺也会影响土地流转行为。一般说来,农户从事农业经营活动时间较长,经验丰富,其参与土地流出的意愿就较低。农户有手艺,外出获取非农收入的机会较多,一般愿意将土地参与流转。

4.4 农户土地承包经营权流转存在的问题和发展趋向
——以杭州市余杭区为研究个案

农村土地承包经营权流转是继20世纪80年代初农村实行家庭联产承包责任制后,农村的又一次重大改革。随着国家有关农村土地承包经营权流转相关法律的出台以及各地的实践试点,农村土地承包经营权流转的效应已得到日益的显现,各地的实践操作也由自发式无序化短期性逐步走上了规范有序和长期的轨道。但是土地作为最基本的生产要素和农民生活的最基本保障,其具有稀缺性和不可再生性,在看到土地流转所带来的积极效应的同时,更应该深入研究如何进一步规范土地流转的运作,形成可持续的长效机制,如何看待土地流转对当地经济社会发展和农民生活的整体和长远影响等现实问题。因此理论和政策关注的重点,应该更多地转向对承包地流转以后农村经济社会发展的趋向和机制创新的研究。虽然目前各地承包地流转的具体做法和成效并不完全相同,但是各地土地流转大的政策环境都是相同的,某一地区的经验和问题往往具有借鉴的意义。因此我们通过对杭州余杭区承包地流转的实地调查,针对目前承包地流转中存在的带有普遍性的问题,对此做初步的探究以达到窥一斑知全豹的效果。

4.4.1 杭州市余杭区土地流转的概况和主要特点

1. 余杭区土地流转的概况

余杭区位于浙江省东北部,杭嘉湖平原和京杭大运河的南端,是长江三角洲的圆心地,全区总面积1402平方公里,辖14个镇、1个乡、4个街道。2008年末,全区户籍人口83.74万人。近年来,区委区政府充分利用靠近杭州主城区的区位优势,因地制宜,把加快土地承包经营权流转、推进土地适度规模经营,作为创新土地制度,促进农业转型升级,实现农业增效、农民增收的重要途径。2008年全区耕地流转总面积达16.078万亩,占农户家庭承包面积的36.1%。截止到2009年6月底,全区农村土地承包经营权流转面积达到21.68万亩,其中耕地流转面积17.13万亩,占农户家庭承包面积的38.14%,远高于全省27%杭州市30%的省市平均水平。该区农村土地承包经营权流转的基本情况,见表4-1、表4-2。

表 4-1　杭州市余杭区 2008 年农村土地承包经营权流转基本情况

单位:亩

流转面积			流转方式		流转时间		产业分布		
耕地		林地	租赁		5 年以下	5 年及以上	粮油	水产	其他
总面积	当年新增		自行	委托					
160780	44427	16471	53253	94014	41232	98126	29983	33198	63026

资料来源:余杭区农业局仲裁办。

表 4-2　杭州市余杭区 2008 年农村土地流转规模经营情况

单位:亩

经营总面积	专业大户			农业企业			专业合作社		
	大户数	经营面积	平均经营面积	企业数	经营面积	平均经营面积	合作社个数	经营面积	平均经营面积
153698	1951	92457	47.4	136	36917	271.4	40	9227	230.7

资料来源:余杭区农业局仲裁办。

从表4-1和表4-2中可以看出,委托组织通过租赁方式进行土地流转,已经成为该区目前土地流转的主要方式。这一转变趋势不仅有利于流转的规范化、市场化,而且由于避免了农户自行流转形式下土地面积的细碎化和流入户用途目的多样性从而不利于土地的大规模整体开发和规划的矛盾,也为农业投资项目的成功落户、促进现代农业发展提供了条件。流转期限由短期向长期转变。

表4-1资料分析,2008年流转时间在5年及以上的占了70%。据最新统计,2009年第一季度全区农用地流转新增面积11880亩,其中5年以上的为7387亩,占新增耕地流转面积的62.2%。流转期限的逐渐延长,为土地流转的稳定性打下了基础,使受让户能较大胆地增加对农业的资本投入,重视土地肥力的提高和农业基础设施建设,也有利于均衡农业企业各年度的收成丰歉,从而降低投资风险。土地流转的方向显示出向农业企业(龙头企业、外来投资企业)、农民专业合作社进行规模集中的明显变化趋势。表4-2表明,农业企业和专业合作社的平均经营面积分别为271.4亩和和230.7亩,大大高于专业大户47.4亩的水平。这一土地集中的发展趋势,为该区农业的产业化经营和现代农业的发展创造了条件。如径山镇绿景村、求是村、长乐村村委组织受农户委托将该村4000多亩土地整体租赁给了浙江森和种业有限公司,用于花卉苗木的培育和种植。良渚镇杭州春溢联合蔬菜专业合作社通过土地流转,使核心蔬菜生产基地面积达720亩。国平白条鱼养殖基地流转面积350亩,凭借自身养殖白条鱼、甲鱼等高档淡水鱼的有利条件,结合休闲垂钓、农家餐饮等,形成特色休闲观光农业。余杭高新农业示范中心,流转土地1000多亩,已有24个项目落户,目前该中心已经形成了集休闲观光、种养与农产品加工、科研培训服务于一体的高新农业园区。

2. 余杭区土地流转的主要特点

余杭区在推进土地流转逐步走向有序规范长期轨道的同时,充分利用自身的优势,创新土地流转机制,呈现以下几方面的特色:

第一,从流转的趋向来看,以产业规划为指导,结合地理和自然资源优势,培育各具特色的块状经济和产业带。

余杭区从东西北三面拱卫杭州中心城区,地势由西北向东南倾斜,西北为山地丘陵区,山峰层叠,林茂竹修,具备良好的自然生态环境;东部地势低平,塘漾棋布,属著名的杭嘉湖水网平原,鱼米之乡;东南部为滩涂平原,地貌可分为山地、丘陵、河谷、平原等。因此余杭区政府充分利用各地的自然资源优势,将土地流转与统筹产业规划相结合,培育各具特色的"块状经济"。目前基本形成了东部以蔬菜、花卉苗木、水产为主,中部以粮食、水产、家禽为主,西部以竹笋、茶叶、水果及都市生态旅游观光为主的三大特色鲜明的都市农业板块经济带。

第二,从流转行为和方式来看,通过政府的政策引导和扶持,开始由农民的自发随意性流转逐步走向依法规范。

土地流转市场的健康有序发展离不开政府的政策引导和有效监管。针对余杭区土地流转中,部分农户仍习惯于以口头方式商定双方的权利和义务关系和一些村"村委说了算"工作中的错位、越位现象,为了有效地规范指导服务土地流转工作,区委区政府及时出台了《关于进一步加强农村土地承包管理工作的意见》(余政办〔2005〕256 号)、《余杭区加快农村土地承包经营权流转的若干意见》(余政办〔2008〕10 号),下发了全区统一制定的《土地承包经营权流转委托书》《土地承包经营权流转合同》及《土地流转备案登记表》等示范性文本,规范了土地流转方式和流转程序,减少了流转双方的争议和纠纷。同时为了切实保障农民的利益,推动全区的土地流转工作,区委区政府还拨出专项基金、出台财政奖励政策,将各种惠农政策与土地流转有机结合起来。2008 年出台了余政办〔2008〕10 号《关于印发〈余杭区加快农村土地承包经营权流转的若干意见〉的通知》,对新增土地流转,符合一定条件,给予所在镇乡每亩 50 元的标准以奖代补,财政为此补贴支出达 140 多万元。2010 年进一步加大扶持力度,提高补贴标准和扩大补贴对象范围。除对所在镇乡补贴外,还将补贴对象扩大到土地流出户和镇村土地流转服务中心(站)。各乡镇也出台相关的配套补助方案。如闲林镇计划根据区政府补助额度,镇财政再按 1∶1 配套,建立土地流转专项补助基金,主要用于对流转组织(村委会或经联社、村土地流转服务站等)和流转面积达到一定规模(200 亩以上)的专业大户等的日常工作经费和专项项目补贴。径山镇自 2001 年以来先后投入土地开发整理资金 6500 多万元,完成土地整理面积达 15745 亩,建成标准农田 3.1 万亩,新增耕地 3644 亩。通过建成"田成方、路成行、渠成网"的标准农田,大大改善了农田基础设施,为业主"相中"土地打下了基础。为了切实减少业主的投资风险,保障农业安全,该镇先后实施了东苕溪北塘加固、南沟小流域治理,以及水库除险加固等工程。由政府买单,对农业种养大户、专业户等给予一定的农资补贴和奖励。

第三,从流转的机制创新和具体形式来看,通过因村制宜,分类指导,以多种形式推进土地流转。

余杭区在推进土地流转中,根据各地自然条件和农业发展的现状,在充分尊重农民意愿的前提下,采取多种形式的土地流转。既有农户委托村集体组织或土地流转中心进行的集中流转,也有种养大户与农户自行协商的流转,还有利用土地冬闲时间进行的季节性流转。如良渚镇针对耕地的农业生产由原来的以"春粮—早稻—晚稻"三熟制的种植模式为主,变为现在大多以种植单季晚稻为主,导致土地的复种指数下降,产出率低,甚至出现了季节性的抛荒。为了有效提高土地的使用效益,相继推出了"水稻—雪菜种植模式"和"水稻—肉鸡种养模式"。即在当年晚稻收割后到来年单季稻播种之前(大约为当年的 11 月份到第二年的 4 月份)的"冬闲"时间,向农户进行集中的农田季节性租赁,用以栽种雪菜和养殖肉鸡,租金为每亩 150 元。待 4 月底雪菜收割和第二批肉鸡出售后再将水田还给原农户。这种方式既有效地遏制了农田的季节性抛荒问题,提高了农田复种指数,增加了农户的收益,又增加了土壤有机质含量,提高了土壤肥力。为了不误农时,尽可能减少农户的损失,还试行土地预流转制度。即村委先与农户签订流转意向书,把土地集中起来,向外招商引资。在项目正式签署,业主最终进驻前,仍由农户耕种土地。等到业主引进,本季收割完成后,再将土地交付使用。这样既可避免一旦项目落空(因为可能会由于各种原因最终导致项目的流产),造成农民土地的抛荒而误了农时,也使得流转双方都有一个相应的心理准备和对今后工作筹划的时间。为了更深入地推进农村承包地流转,区委农办、区农业局在全区选择了三家单位进行土地股份合作制试点。2009 年 7 月 28 日,径山镇长乐村成立了全区首家土地股份合作社——长乐股份经济合作社。其中,全村农户以全部 2492.21 亩农用地折价入股。按前三年亩均毛利润 312 元,乘以承包经营权剩余年限 16 年,得出每亩土地经营权的价值为 5000 元(土地经营权最高等级为 5000 元,其他按土地的地理区位、土壤好坏进行等级折价)以每 500 元为 1 股,折合 10 股。为了给农户土地入股提供示范,减少农民的心理担心,合作社以货币资金入股 20000 元折合 40 股。现金股与土地股实行同股同利。为充分照顾到农民眼前的切身利益,吸引农民自觉地加入到合作社中来,合作社对土地收益实行保低分红和利润分配相结合,三年内实行保底分红,每年每亩高等田 500 元,其余的按等级折价,并按年经营净收益按土地股、资金股分红到户。租金价格采用与粮价挂钩的浮动制(按每亩 800 斤/年计算)。土地股份合作社对入股土地进行统一规划,区块经营。根据土地所处的地理位置以及灌溉、土壤等方面的因素综合考虑,将土地划成三个功能区块:A 区块是花卉苗木区块。目前,该区块已与浙江红叶园艺公司签订 600 余亩种植苗木的协议,每亩价格为 550 元,年限 16 年,目前协议已经签订,定金已付,待 10 月份晚稻收割后就可交地使用。B 区块是经济作物区块。准备向全村有种植一技之长、会经营管理的村民租赁,价格适当优惠。C 区块是粮食功能区块。长乐村现有种粮大户 30 户,经营面积都在 20 亩以上。实行土地的划块经营,不仅有利于充分发挥各区块土地的使用价值,宜粮则粮,宜木则木,宜花则花,而且便于田间的统一管理和施肥耕种排溉等的机械化操作。由于在统一发包时是按整块土地总面积丈量的,这样土地的发包面积就会比原单个农户小区块的面积之和有所增加,因此这部分的土地租金溢价就可作为各所在村民小组的组级收入用于日常开支。长乐股份经济合作社的成立及其运作,为推进余杭区土地承包经营权的流转提供了一个创新的思路和平台。目前余杭区的土地股份制试点推出了三种模式:(1)单一的土地股份合作社。即对农户承包的土地按面积计股,设立土地股份合作社。(2)多元化的土地股份合作社。一般农户以承包经营的土地入股,按级差地租计算股份,村集体或其他农业经营单位(个人)以资金、技术和其他农业生产资料入股,组建土地股份合作社或农民专业合作社。(3)企业化的股份合作社。对未完成农村社区股份制改革的村,结合农村集体"三合一量化",农户承包经营的土地按面积量化入股,村集体的经营性资产、公益性资产和村组资源性资产全额明晰到户,量化到人,建立股份合作社。

4.4.2　土地承包经营权流转的现实绩效及其存在的问题

通过土地承包经营权的流转,在提升农业产业化经营水平、推动农业规模经营和农业优势产业群建设、促进农民增收等方面的效应和作用是显而易见的。在政府推动下,通过着力改善投资软硬环境,提供优质的引导服务和财政资金扶持政策,吸引了越来越多的工商业资本、社会资金投资开发现代农业。截止到 2009 年 6 月底,余杭已建成 500 亩以上的农业特色(休闲观光)园区 24 个,29 个产业功能区块正在建设中。农业经营大户 1873 户,流转面积 9.7 万亩,均占 51 亩;农业企业 115 家,流转面积 4.11 万亩,均占 357 亩;有 36 个农民专业合作社,流转 1.04 万亩。形成了一批包括花卉种木、水产养殖、有机蔬菜、家禽、有机茶叶等有一定规模,经济效益和社会效益明显的产业集群。农民通过土地流转除获得土地租金收入外,还可通过外出从事别的行业或到农业企业打工获得经营和劳动收入,大大促进了农民的增收。如径山镇有 17437 人(占劳动力总数的 70% 以上),从农业兼业经营转向二、三产业。其中有近 800 人在土地流入方打工,人均年收入超万元。流转土地的租金加上打工收入,使每亩土地收益可达 1950 元。但是,农村土地承包经营权流转政策性强、涉及面广,在看到其所产生的绩效的同时,更应重视土地流转中的潜在问题以及对当地经济发展的整体影响和农民长远利益的研究。目前,农村土地承包经营权流转必须关注以下几方面的问题。

1. 农民土地流转意愿与非农收入稳定性及尊重农民自愿原则之间的关系

在市场经济条件下,一项资产参与交易的主观意愿度取决于资产所有者对该项资产本身的价值期望及其替代性收益的大小和稳定性。土地作为农民在当今和今后相当长时间内所拥有的最基本的生产和生活资料,其参与土地流转的主观意愿度与农民从事非农职业和收益的大小及稳定性存在着很大的正相关度。我们在调查中也印证了这种关系。对于一些年纪较大,外出打工没有门路或不稳定的农户大多在主观上不太愿意参与土地流转。更何况像余杭这些经济较发达的地区,农户对于每亩几百元一年的租金收入也不是特别在乎。这导致有些非农职业和收入稳定的农户,也宁愿将土地闲着或是让家里的老人低效益的经营着而不愿轻易将土地参与流转。而《中华人民共和国农村土地承包法》规定土地流转必须遵循依法、有偿、自愿的原则。这样在现实中就会出现两种情况：一是由于少数几户农户的不愿意而限制了业主对土地成片开发的要求，最终导致整个项目的流产。二是有些农户尽管主观上不愿意流转，但是出于与他相邻的别的农户的承包地大多参与了流转，从而给他带来了诸如灌溉、收割等田间管理的诸多问题，或是出于对眼前利益（土地租金收入）的追逐也只好被动参与土地流转。而现在委托流转方式下的流转期限大多较长（一般在5年以上）。当这部分农户一旦遇到自身生计困难或者是对原有土地租金不满意，有些地方就出现了个别农户随意违反原有合同的约定，要求土地租赁者提高租金甚至损毁其作物等极端行为。为此，如何处理好土地流转与遵循农民自愿原则的关系，如何做好农民的思想发动和观念转变与切实保障失地农民的利益以及注重流转后的管理和协调工作，都是土地流转过程中对当地基层组织和土地流转中介服务组织的工作提出的新要求和新考验。

2. 对土地流转后的用途监管问题

"不得改变土地的用途"是党的十七届三中全会通过的《决定》中对土地流转问题作出的最为严格的规定，也是我国目前实行最严格的耕地保护制度的客观要求。农业种殖业属于风险较大的弱质性基础产业，与其他产业（如工业、旅游观光业、服务业、农产品加工等）的比较效益低。而种植粮食作物（在南方主要是水稻）的效益又一般要低于种植其他经济作物如瓜果蔬菜、花卉苗木、特色水产养殖等。受经济利益的驱动，土地大多向非农化非粮化转移，这是流入方在市场经济条件下的理性选择。而土地用途的改变就有可能改变土壤的肥力和结构，给今后的复耕等造成一定的影响，也可能造成耕地面积的大量减少（有些地区将大片的农田开发为旅游观光区或工业加工区等，尽管国家有土地利用规划和耕地占补平衡的要求，但是在很多地方占补平衡事实上却仅仅成为一个数字的游戏，农保田"上山""下海"造成实际可耕地的大量减少，已是不争的事实）。为此，《土地管理法》和国土资源部、国务院等相关文件都对耕地流转后的用途有严格的限制。例如《土地管理法》第三十六条规定："禁止占用耕地建窑、建坟或者擅自在耕地上建房、挖沙、采石、采矿、取土等；禁止占用基本农田发展林果业和挖塘养鱼。"但这样又必然会限制土地流转双方的积极性。一方面，如果土地流转后的用途限于从事普通的粮油作物生产，因其效益不高，从而制约了土地流转的价格，影响农户流转的积极性；另一方面农业专业户或农业企业因规模经营需要的简易仓（机）库、生产管理用房、晒场等农业生产配套设施用地难以落实，影响他们投资的积极性，导致土地有效需求不足。因此如何协调集体土地流转不得改变土地的农业用途与提高单位土地的收益和增加农民收入之间的矛盾，也是一个有待进一步深入研究的问题。

3. 土地流转的经济效益与粮食安全问题

我国是人口大国,人均耕地大大低于世界平均水平。粮食安全不仅事关老百姓的生活,也影响我国的国家安全和社会稳定。粮食生产投入产出比较低,受市场和自然因素影响风险大。因此,如何协调提高土地流转的经济效益与保障粮食安全之间的关系是土地流转中面临的一个现实问题。从现实情况来看,由于各地所处的区位以及非农产业发达程度等的差异,土地的级差地租和市场价值存在着很大的差别。从余杭区的调查看,像闲林、仓前等镇,由于其紧邻杭州主城区,近几年随着房地产业的方兴未艾,导致这些近郊区土地价值的不断提升,因此种田种地已不再是当地农民的生存所系,也不能使地尽其用而发挥土地的最大使用价值。通过土地的征用和房子的拆迁获得的大额补偿不仅使当地农民今后的生活有了足够的保障,而且当地房地产开发带动物业、三产经济的发展也为农民的就业和创业带来了良好的机遇和发展空间。鉴于余杭区整体经济发展的状况,即使是在离杭州相对偏远以农业为主的径山、仁和等镇,种粮大户种植粮食的收益如果没有政府的直补和各种农资补贴,在扣除付给农户的土地租金和各种成本后,其相对效益也是很低的。但粮食安全又是事关整个国民经济发展和社会稳定的大事。为此,需要政府从整个区域或全国一盘棋的角度来考虑土地流转和保障粮食安全的关系问题。在2012年3月召开的第十一届全国两会上,全国政协委员、著名的水稻之父袁隆平院士说:"我今年的建议是政府要以较高的价格收购农民的粮食,然后以平价出售粮食。这样既保证国家粮食安全和价格的平稳,又大大提高农民种粮的积极性和收入。"他指着建议后所附的一份表格对记者说:"根据湖南省物价局调查统计,2010年农民种植每亩水稻的纯收益是186.2元,但其中包括104.1元的国家粮食直补,实际上不含补贴,农民纯收益只有82.1元。2011年,由于生产成本上升了121.6元,农民种植每亩水稻纯收益仅有116.6元,除去109.1元的国家粮食补贴,农民纯收益只有7.5元。袁隆平认为"粮食是宝中之宝,粮价是百价之基。粮食价格的上涨,会牵一发而动全身,导致百物的价格上扬,它一涨其他东西都要涨,甚至引起社会动乱。粮价涨不得!"但是另一方面,粮价偏低则谷贱伤农,影响农民种粮的积极性,甚至影响国家的粮食安全。因此,他建议"国家要对粮价政策作出根本性改革"[①]。

4. 农业经营风险与农民利益保障问题

由于农业生产本身的特点,致使农业企业面临的经营风险要大于别的产

---

① 东方网全国两会特别报道:《袁隆平称我国农民种1亩地仅赚7.5元》,http://news.eastday.com/c/2012lh/u1a6401225.html,2012-03-04。

业。一旦农业企业发生经营困难或失败,必然殃及广大的农民,并由此可能引发一系列的社会问题。特别是在目前土地流转主要是委托村委或经联社等组织流转的,一旦发生农业企业租金支付困难而村集体组织又无力垫付时,就往往会给基层政府的工作带来非常被动的影响。因此,建立土地流转的风险防范和保障机制,加强政府在土地流转中的宏观调控,也是促进土地流转的一个重要问题。

5. 失地农民的就业和社会保障问题

土地流转除了受市场和制度因素制约外,还受到农业剩余劳动力转移的空间制约。随着土地流转规模的不断扩大和流转期限的延长,失地农民的就业和社会保障成为制约土地流转的重要因素。尽管各地在土地流转后,特别是农业企业都能吸收和安置部分剩余劳动力,但其所占比例并不高。据对余杭区的两个农业大镇——径山镇和仁和镇的调查,目前径山镇大田流转面积 1.68 万亩,占大田总面积的 41%,涉及农户 4800 多户,林地流转面积 2.88 万亩,占林地总面积的 24.4%,涉及农户 3000 多户。耕地和林地流转共涉及农户 8000 户,而在土地流入方(大部分在森禾种业有限公司)打工的却不足 1000 人。仁和镇2008 年土地流转面积 14746 亩,占大田总面积的 38.0%,涉及农户近万户,由于该镇的土地流转租赁方大多是农业专业大户(蔬菜和花卉),其相比于农业企业对农业剩余劳动力的吸纳力要低,大多是临时性或季节性的雇用,且土地流转所涉及农户中有相当比例的农民无文凭,无技能。因而如果不解决好失地农民的就业空间和社会保障问题,就会使这部分农民成为"种地无地、就业无门、创业无钱"的"三无"人员,从而影响农户参与承包地流转的积极性。因此切实解决失地农民的生存和发展问题,既是推进土地流转的客观要求,也是最终促进产业结构调整、提高农业经济效益和增加农民收入进而解决我国经济社会发展的基础和薄弱环节——"三农"问题的根本目标之所在。

4.4.3 完善农村土地承包经营权流转的对策及机制创新

1. 从各地实际出发,坚持"依法、自愿和有偿"的原则

当前,土地流转已成为各地农村和当地乡镇政府一个热门话题和工作重点,在推广经验深入试点的基础上,必须因地制宜,从各地实际出发选择土地流转的方式、规模和时机,切忌一哄而上赶时髦,甚至给各乡镇村下达土地流转的硬性指标。政府主要是做好宏观调控和服务的工作,让市场引导农民的行为选择。同时通过加大对相关法律和法规的宣传,使农民了解政策,消除误解,土地流转只是经营权的流转不会改变农民与土地的承包关系,从而转变思想观念,放心流转。通过典型引导,宣传土地流转对推进高效农业促进农民增收的重要

意义,让农民在看到和得到实实在在的效果的基础上激发他们自愿参与土地流转的积极性,此外应为农民土地流转提供必要的指导和服务。这包括合同的规范签订、通过土地流转服务中心定期发布流转的指导价格、做好土地流转的备案和建档等基础性工作。

2. 加强对土地流转后的监管、协调工作

要解决土地流转中诸如不得改变土地用途与提高土地的利用价值、农业种植结构调整与保障粮食安全、土地规模经营需要的必要的农业生产配套设施建设用地指标与《土地管理法》等相关规定的限制等之间的矛盾。一方面要求各地政府与土地管理部门相互协调和共同监管,根据实际情况制定严格的各种农业用地的规模指标和结构,特别是对于一些休闲观光业和旅游度假区等的建设要严格审批和监管并控制总体规模。对耕地占补平衡要求下的新整理复垦出来的土地,要对其实际的可利用率进行科学的评估。对于农业种植结构调整和水产养殖等,要求不得破坏耕地的表层结构(例如随意在耕地上浇筑水泥等),并且设立一定比例的土地复耕保证基金。对于期限较长的流转合同(8-10年以上的),乡镇政府、村集体组织、土地管理部门要对其实行定期的跟踪检查,防止土地的随意倒手转包和转让,个别地方甚至出现一些违规虚假的土地流转。例如余杭区某镇的1000多亩农田已被列入余杭组团的创新核心基地规划,有人就突击以较高的价格向农民租用,通过在上面违规建一些建筑和栽种一些树木,等政府征用时获得高额的地上物补偿,对此应予以严查。因规模经营需要的农业生产必需的配套设施用地,土管部门应予以适度的灵活对待。对流转期限在5年以上,经营面积达到一定规模的经营主体,可根据其经营项目的性质划出一定比例的土地,用于建造这些必需的配套设施。目前浙江省国土资源厅对于农业企业生产经营必要的配套设施用地给予不超过5‰用地指标控制,当然要尽可能利用一些边上的杂地荒地。另一方面,对于保障粮食安全,笔者认为,应该从区域和全国一盘棋的角度来统筹这个问题。首先国家在力保18亿亩耕地的目标下,在对现有耕地调查摸底的基础上根据各省自治区直辖市的具体情况下达各地土地流转后用于粮食种植的面积指标。各省自治区直辖市再将此指标结合当地实际,依次逐级分解下达,可以借鉴建设用地城乡占补平衡的做法,允许在不同地区进行指标的调剂。如浙江省政府与黑龙江省政府通过签订粮食供应合同,以达到优势互补。余杭区在黑龙江鸡东县建立了实行订单农业的2000公顷优质稻米基地,这样既可以保证当地的粮食需求,又可以充分发挥余杭等经济发达地区土地资源的最大价值。其次,国家建立粮食种植和收购的专项补助基金,根据下达给各省区的面积予以落实到位,也可要求有条件的省份建立一定的配套补助基金,各省市区也照此逐级层层落实。这样既可以切实保障粮食的安全,也便于各地因地制宜,发挥土地资源的最大价值和生产要素的最优组合,同时便于政府的宏观调控。

3. 建立农业企业的经营风险防范和保障机制

土地流转的成效及流出户的利益保障最终还得取决于流入户是否有持续的经营能力和较好的经营效益。受制于农业生产本身的特点,为切实减低农业企业和专业户的经营风险,保障土地流转关系的稳定性,在政府扶持的基础上,还必须由金融、保险等部门的协调配合。加大目前农业投保险种的覆盖范围,设立农业企业风险保证基金。例如据我们的调查,余杭某石斛种植大户,租了300亩土地用于石斛的种植和培育,因其对气候等的要求较高,且价值昂贵,一旦因天灾等的影响就会带来较大的损失。但目前农业的种养殖业还未纳入农业投保品种之列,从而使农业经营户面临较大的经营风险。此外应加大对农业企业的金融支持力度并出台一些实施细则,允许土地承包经营权的抵押贷款,为农业企业的资金需求提供必要的融资渠道。

4. 做好失地农民的就业培训和社会保障机制

尽管农民的就业和社会保障问题并不是由于土地承包经营权的流转而伴生的,因为如果承包经营权的流转是农民自愿的,而且流转后农民获得的土地租金高于单个家庭自己经营所得的纯收益,那么承包经营权的流转并没有影响农民原来的生活保障。但是由于我国长期以来在城乡分割的二元经济和社会体制下,都把土地看做是农民的职业和生活的依托和保障,国家政府也由此节约了大量的社会成本。因此当因土地流转使农民失去土地的经营权而替代性的就业又遭遇瓶颈时,如何解决失地农民的就业和社会保障就似乎有了把这一问题凸显的理由,加之农民固有的观念和恋土情节,认为只要"手中有地"就能"心中不慌",而不管土地的实际经营效益如何。事实上,农民的就业和社会保障问题是传统体制矛盾在我国经济社会不断发展过程中的显现,并不是由于土地流转而产生的。因为土地承包经营权的流转不同于土地的一次性征用,它只是在一定时期内使农民单个家庭的分散经营转变成集中的规模化经营,并没有改变农民与土地的关系。为此,需要国家政府从体制和机制上来解决城乡一体化的问题。当然农民非农职业的替代率及其稳定性以及社会保障机制的健全与否,会影响其参与土地流转的积极性。因此,就推进土地流转来讲,主要是对一些参与土地流转的农民提供有针对性的职业培训,对农业企业吸收失地农民就业,可以在税收、金融等方面提供一定的政策激励措施。对于自主创业和自谋职业的失地农民,要在财政、贷款、用地、税收等方面加大政策扶持和鼓励的力度。关于社会保障,可以结合现有农村已经推行的各项保障,适当提高对参与土地流转农民的政府补贴部分的比例。如余杭区计划对当年将全部承包土地二轮承包剩余期限内的经营权,委托流转服务机构或村集体经济组织流转,承包经营权享有人参加农村居民养老保险时,经承包户申请、镇乡(街道)审核、区农业局主管部门确认后,对二轮承包土地剩余期限内,每年在区财政原补贴比例8%的基础上,再提高2个百分点补贴,从而为土地转出者解决后顾之忧。

5. 创新土地流转方式积极推进农地股份制的试点

各地根据当地实际,不断创新各种因地制宜的土地流转方式。"农地股份制是目前农村一种新的土地流转方式和经营方式,也是中国目前具有突破意义的农村土地制度变革和经营方式的探索。"[1]农民把家庭联产承包获得的土地经营权作价入股,以合作的方式由村级集体经营或建立股份公司经营土地,农户按照股权的多少参与经营收益的分配。可以看出,"农地股份合作制实质上是一种劳动者的劳动联合和资本联合相结合的集体经济"[2]。"土地股份合作制以股份化和合作化的形式实现了组织和管理形式上的一体化。"[3]但是正如前面所述,一方面由于目前各地实行农地股份制的做法各异,特别是在股权设置(有些是单一的土地入股,有些是包括农户的土地、村集体资产以及吸收其他单位或个人的资金、技术及实物的入股等)、入股土地的价格评估、利润的分配方式等方面存在较大的差异。另一方面,对于如何完善农地股份制内部的公司化管理(股东大会、董事会、监事会等的组成及权力运作)、农地股份制的法人资格认定及矛盾等都还有待于进一步的探索。因此需要在结合各地实际的基础上,借鉴一些地区在试行中的成功经验,不断完善和创新农地股份合作制的形式,使土地流转逐步走上市场经济的运作轨道。

---

[1] 陈杰荣:《我国农村土地流转问题研究》,《法制与社会》2008年第9期。
[2] 何官燕:《农地股份合作制的理论研究与实践探讨》,《经济师》2008年第5期。
[3] 王小映:《土地股份合作制的经济学分析》,《农村经济观察》2003年第6期。

5 农村集体建设用地的流转

农村集体建设用地的流转是目前农村集体土地流转中争论最多矛盾最为集中的领域。随着工业化、城市化发展,农村乡镇企业的改制,产权主体土地资产意识的增强和对流转收益的追逐,集体建设用地通过各种方式流转已是不争的事实。但是,由于国家相关法律的缺失,土地交易市场发育的滞后和地价评估体系的不完善以及土地所有者主体产权不明确,导致在农村集体建设用地流转的过程中,一方面,农村集体建设用地闲置与新增建设用地增加并存,耕地保护形势严峻。据国土资源部 2006 年度全国土地利用变更调查结果显示,截至 2006 年 10 月 31 日,全国耕地面积为 18.27 亿亩,比上年度末净减少 4602 万亩。而在 1996 年,全国耕地面积是 19.51 亿亩,10 年间中国的耕地减少 1.24 亿亩。我国《国民经济和社会发展第十一个五年规划纲要》明确规定,2010 年末要完成 18 亿亩耕地保有量的硬性指标,也就是说,"十一五"期间全国年均净减少面积不得超过 675 万。而在 2006 年,全国耕地净减少面积为 460.2 万亩,新增建设用地 493 万亩,是耕地净减少数的 1.07 倍,加之全国生态退耕的影响,照此速度发展下去,新增建设用地对耕地保护是一种极大的威胁。另一方面,城乡土地市场的分割,地方政府对建设用地一级市场的垄断,导致对农民的征地补偿和拆迁补偿标准过低,征地补偿制度仅仅是脱离土地市场的单一行政行为。且征用范围过大,大量农用耕地和设施被占用或破坏,导致土地肥力下降复耕困难,各种腐败现象滋生。因此必须对农村集体建设用地流转问题做更为深入的研究,总结各地试点的经验,探求解决问题的具体应对措施。

5.1 农村集体建设用地流转的含义和形式

5.1.1 农村集体建设用地的含义

农村集体非农建设用地是建设用地基于我国城乡二元体制下的特指。由于我国基本经济制度的基础是社会主义公有制,包括全民所有制和集体所有制。而土地作为一项基本的生产要素和经济资源,其所有权也就区分为国家所有和农村集体所有。为此,1986年制定的《土地管理法》,将建设用地分为"国家建设用地"和"乡(镇)村建设用地",但并未对乡(镇)村建设用地作出界定。1998年修改后的《中华人民共和国土地管理法》(以下简称《土地管理法》)将原《土地管理法》中的"国家建设用地"和"乡(镇)村建设用地"两章合并为第五章"建设用地",去掉了"乡(镇)村建设用地"一词。并在第4条第3款中对建设用地的概念作出了明确的界定:"建设用地是指建造建筑物、构筑物的土地,包括城乡住宅和公共设施用地、工矿用地、交通水利设施用地、旅游用地、军事设施用地等。"《土地管理法》第四十三条又规定:"任何单位和个人进行建设,需要使用土地的,必须依法申请使用国有土地;但是,兴办乡镇企业和村民建设住宅经依法批准使用本集体经济组织农民集体所有的土地的,或者乡(镇)村公共设施和公益事业建设经依法批准使用农民集体所有的土地的除外。"由此可见,农村集体建设用地是以建设用地所处的区域(属于规划中的农村还是城镇)和使用对象(是用于乡(镇)村还是城市的工矿企业用地、住宅建设、公共设施和公用事业等)来界定的。例如,同样属于公共设施中的高速公路,如果途经某一乡村,就必须先将集体土地征用为国有土地。而乡村公路建设就可以经批准使用集体土地。因此,以孙佑海为代表的大多数研究者认为:所谓集体建设用地是指农民集体所有的,一般是地处农村的并经依法批准使用的兴办乡镇企业用地、村民建设住宅用地、乡(镇)村公共设施和公益事业建设用地。[①] 由此我们也认为,农村村民住宅建设用地(也称宅基地)、乡镇企业用地、乡(镇)村公共设施和公益事业用地这三种类型的土地构成了农村集体非农建设用地的基本内涵。

5.1.2 农村集体建设用地流转的内涵及其形式

1. 农村集体非农建设用地流转的产生及其内涵

土地的流转是指土地在不同所有者或使用者之间,基于产权权能基础上对土地资产公平公正的处置和转换。鉴于上述我国农村非农集体建设用地的三种类型,农村集体建设用地的流转是伴随我国经济社会发展而产生的,大致经历以下三个阶段。

第一阶段,十一届三中全会以后到1986年《土地管理法》颁布之前。

"集体非农建设用地的使用制度改革和流转的早期研究,首先是围绕农村

---

① 孙佑海:《土地流转制度研究》,南京农业大学博士论文,2000年,第156页。

宅基地的有偿使用而展开的。"①作为农村集体土地的重要组成部分,农村集体建设用地的使用制度也必然伴随着我国农村土地制度的变革而不断演化。与农村其他土地一样,从土地私有到集体所有的转变可以理解为土地的"私有私用"向"共有私用"的转变。但是由于集体对于宅基地这类生活性建设用地基本上采取不干涉的态度,因而与农用地的集体化导致农民对土地的使用由"私有私用"到"共有公用"的转变不同,农民对宅基地使用的基本权利并没有因为"共有"而受到损害,宅基地的集体所有对既得收益分配格局的影响不大,农民在住宅上享受的福利水平并没有降低。但是,宅基地的无偿使用和村级集体组织缺乏对此的相应监管,也造成了土地产权边界的不清,农民的土地使用权则被无形中放大,从而出现粗放用地和浪费土地的现象。20世纪80年代初,农村出现了改革后的第一代建房热。"为了增强农民节约用地的观念,阻止农村建房大量非法占用耕地,我国的农村土地使用制度改革首先推行了农村宅基地的有偿使用。"②1988年的山东德州地区最早推行了农村宅基地的有偿使用制度,此后在河北、湖北、江苏和上海等省市相继试行。1990年国务院批转国家土地管理局关于加强农村宅基地管理工作的请示和通知,将这项工作全面推开。文件要求选择经济基础较好和耕地资源紧张的地区进行试点,确定宅基地收费标准时,既要体现有偿原则,也要照顾群众的经济承受能力,同时有偿使用费应用于村内基础设施和公益事业建设。1991年年底,全国有28个省、市、区1400多个县市的1万多个乡镇实行了宅基地有偿使用。其次,随着农村改革和经济的发展,农村产业结构调整,以乡镇企业为代表的农村非农产业异军突起。出于对农村非农产业的政策支持,加之在我国传统的计划经济体制下,农村集体土地仅仅作为一项开展农业生产和维系农民生活的资源,农民集体和个体对土地资源经济价值的主观认识不强,土地的资产性功能及其价值并不显著。国家政府也没有对土地资源使用的相关管理法规,因为乡镇企业于20世纪80年代初就在沿海及大城市郊区发轫,而我国直到1986年才有了第一部的《土地管理法》。即便如此,当时《土地管理法》对农村集体建设用地的使用管理也是比较宽松的,乡镇企业用地的审批手续和程序都相对简单,一般只需经乡镇一级审批(有些甚至根本未经审批)即可。例如,《土地管理法》规定,农村居民住宅建设,乡(镇)村企业建设,乡(镇)村公共设施、公益事业建设等,只要符合乡(镇)村建设规划,就可进行。如果使用原有的宅基地、村内空闲地和其他土地进行建设,只需乡级人们政府批准,只有在使用耕地时才需报县级人民政府批准。因此,这

---

① 荣昌旭、武友林等:《农村土地有偿使用问题初探》,《山西农经》1990年第3期。

② 卢吉勇:《农村集体非农建设用地流转创新研究》,南京农业大学硕士研究生论文,2003年。

一时期农村非农产业的发展在吸纳大量农村剩余劳动力、增加农民收入和促进农村经济发展方面取得巨大成就的同时,也占用了大量的集体土地甚至耕地。可以毫不夸张地说,乡镇企业的发展某种程度上是建立在廉价的土地要素支撑之上的。与此同时,80年代中期以后,随着对外开放的进一步扩大,广东、福建等沿海地区大量外资企业开始纷纷进驻内地。一些地区的农村就将原来属于集体所有的厂房、建筑和土地以联营、出租或入股等方式进行了流转且呈规模扩大和形式多样之趋势。正是在这样的背景下,为了更好地规范和管理农村集体建设用地的流转,切实保护耕地资源,1986年6月25日,第六届全国人大常委会第十六次会议通过并颁布《中华人民共和国土地管理法》,成立了国家土地管理局。这是新中国成立后,我国颁布的第一部关于土地资源管理、全面调整土地关系的法律,标志着我国土地管理工作开始纳入依法管理的轨道。

第二阶段,20世纪80年代末的城市国有土地有偿使用到1998年新《土地管理法》颁布之前。

20世纪80年代末,随着长三角和珠三角等经济开发区的相继建立,为了改善开发区的投资环境,弥补基础设施建设资金的巨大缺口,我国土地使用制度改革步伐加快。1987年之后,国有土地引入批租办法,即政府把40年~70年的国有土地使用权,在土地市场上拍卖,用地单位取得土地使用权证,从而揭开了国家对城市国有土地实行有偿使用制度的序幕。这个改革产生了深远的影响,不仅提高了城市国有土地的价值,也培育了运用市场和经济手段调节土地供需的机制。为适应新的实践需要,1988年4月,七届全国人大第一次会议通过了《宪法修正案》,删去了《宪法》第十条第四款中"禁止土地出租"的规定,同时在该条款中增加了"土地的使用权可以依照法律的规定转让"的规定。同年12月29日,七届全国人大常委会根据宪法修正案通过了关于修改《中华人民共和国土地管理法》的决定,在《土地管理法》中删除了"禁止出租土地"的内容,并增加规定"国有土地和集体所有的土地的使用权可以依法转让"、"国家依法实行国有土地有偿使用制度"等内容。为适应新形势下土地管理工作的需要,在对城市国有土地实行有偿使用制度的同时,对农村集体建设用地的审批、非法转让土地和破坏耕地的违法行为处罚、处罚程序等内容也进行了修改。可以说这一系列相关法律的制定及其修改,奠定了土地使用的一个基本基调就是既要保护土地资源,又要充分发挥其作为生产要素的资源性作用。进入90年代以后,一方面,随着社会主义市场经济体制的建立和发展,特别是乡镇企业的改制,使得企业原来占用的大量土地要素被释放,继而发生土地的流转。由于在改制前乡镇企业和其他农村非农产业,是作为农村集体经济组织一个重要组成部分,其利润和产出为集体经济组织农民所共有,土地作为集体所有的生产要素,其使用收益也属于农民集体的内部利润,因此集体土地的价值也被隐形化。而在企业改制以后,当企业的性质由集体公有制转变为其他所有制形式时,土地的使用收益就被外部化,形成集体非农建设用地使用过程中的外部利润,农村集体土地的资产性价值逐渐显现。因此由于乡镇企业改制而出现的存量集体建设用地的流转,也就被提上了集体土地使用制度改革的日程,特别是在原来乡镇企业较为发达的苏南、浙北等地区。为此,苏州市国土资源局针对苏南地区农村非农建设用地随着经济发展而大量流转已成不可遏止的现实,于1996年9月正式出台了《苏州市农村集体存量建设用地使用权流转管理暂行办法》。该《办法》规定:"对集体建设用地(不含农民建房宅基地)实行使用权有偿和有限期流转制度",其核心内容是对依法取得的农村集体非农建设用地使用权可以在不改变集体土地所有权的前提下进行转让、出租和作价入股,但流转的集体建设用地不得举办大型娱乐和房地产开发项目,并对流转的程序,审批权限和方式、流转收益的分配等作了详细的规定。浙江省湖州市针对近年来乡镇个私企业发展迅速,用地需求剧增,而原来的镇、村集体企业由于关、停或低效利用,有大量闲置的集体建设用地需要盘活。为了有效杜绝土地私下流转的不规范做法,市政府于1998年印发了由市土地局起草的《乡镇改制企业土地处置若干意见》(湖政发〔1998〕21号通知),尝试了集体经济组织以租赁方式向转制企业供地的做法,并选择在善琏镇开展此项工作的试点。按照土地用途管制、计划和集约用地的原则,对土地流转的条件、范围、类型及收益分配进行了探索和规范,允许集体土地在符合下列原则时进行流转。具体规定为:(1)已经依法取得镇、村集体非农建设用地使用权(即办理过相关使用手续);(2)符合土地利用总体规划、村镇建设规划和相关流转条件(一般村镇规划内的流转,原则上征为国有;规划区外的,实行集体土地内部流转);(3)流转形式包括转让(含作价入股或出资)、出租、抵押;(4)土地收益分配,谁所有谁收益,土地管理部门按土地流转收益金额的5%收取手续费。集体建设用地的流转,不仅有效盘活了集体存量土地资产,增加了乡镇村集体收益,为乡村基础设施建设和公益事业投资获得了稳定的资金来源,也有效地减轻了新增建设用地的压力。并且由于集体建设用地使用成本相对较低,租金支付方式也较灵活,从而降低了企业的用地成本,特别是对部分中小型个私企业,可以有效解决起步阶段资金紧张的困难。

另一方面,随着城镇化步伐的推进,城乡结合部的乡村建制整体转变,导致原来属于集体所有的土地也必然发生流转,集体非农建设用地大量增加。因此乡镇企业的改制和城市化的推进,成为导致农村集体建设用地流转的又一重要原因。90年代中期以后,随着各地的开发区热、房地产热的掀起,受土地所有者利益驱动和土地使用者需求旺盛的双向诱致,导致农村集体土地被以各种方式非农化,耕地面积锐减。正是在这样的背景下,在综合各地试点的经验并结合土地利用现状的基础上,第九届全国人大常委会第四次会议于 1998 年 8 月 29 日,修订并通过了新的《土地管理法》,并于 1999 年 1 月 1 日施行,从而确立了我国现有土地管理最基本的法律依据。

第三阶段,1998 年新《土地管理法》颁布以后。

1998 年的新《土地管理法》是适应我国经济社会发展的实际,加强土地管理,更加有效地保护开发土地资源,特别是切实保护耕地资源以促进经济社会的可持续发展。与 1986 的《土地管理法》相比,新《土地管理法》对农村集体非农建设用地的管理更加严格。例如,该法第六十二、六十三条分别规定:"农村村民一户只能拥有一处宅基地,其宅基地的面积不得超过省、自治区、直辖市规定的标准";"农民集体所有的土地的使用权不得出让、转让或者出租用于非农建设"。第四十三条和第四十四条分别规定:"任何单位和个人进行建设,需要使用土地的,必须依法申请使用国有土地;但是,兴办乡镇企业和村民建设住宅经依法批准使用本集体经济组织农民集体所有的土地的,或者乡(镇)村公共设施和公益事业建设经依法批准使用农民集体所有的土地的除外";"建设占用土地,涉及农用地转为建设用地的,应当办理农用地转用手续"。不难看出,新《土地管理法》虽然保留了农民利用自己所有的土地进行非农建设的空间,但是由于建设用地的指标管理以及农转非审批中的弱势地位,使得农村集体建设用地的用地规模和比例不断缩小。由于非农建设土地需求的旺盛,加之相关法律的例外规定,使得农村集体非农建设用地的隐形和非法流转大量存在,为农村集体非农建设用地的管理带来了严峻的挑战。伴随着工业化和城市化发展进程的土地利用方式上比较利益的差距,导致大量农业用地转变为非农建设用地。特别是在城镇周围以及二、三产业发达地区,土地利用的比较利益差距较大。"种粮不如种菜,种菜不如种花,种花不如转为建设用地,办工厂、开商店或砌住房出租。"[①]因此,无论是地方政府出于"以地生财"思想指导下的合法流转,还是农民集体和个体为了追逐利益最大化的私下或违法违规流转,土地利用方式的比较利益差距,也是导致大量农用地转为集体非农建设用地并流转的一个重要因素。

2. 农村集体非农建设用地流转的形式

(1)从其流转的对象和方向来看,可分为所有权流转和使用权流转。

所有权的流转是指国家以征用的方式用于公益性质或是商业性质的土地开发,从而导致土地所有权由集体所有转为国家所有。其流转的方向是单向和

---

① 周建春:《关于农村非农建设用地流转的思考》,《国土资源管理》2002 年第 5 期。

一次性的,即土地的集体所有者一次性将土地的所有权转让给国家。集体建设用地使用权的流转是指集体建设用地所有者或使用者在不改变集体土地所有权性质的前提下,通过转让、出租、入股等多种形式将集体建设用地使用权让与第二方的行为,可分为初次流转和再次流转。前者是指农民集体经济组织根据"土地的所有权与使用权相分离的原则,将农民集体非农建设用地的使用权,通过承包、联营、土地使用权折价入股、继承等形式,与所有权相脱离,有偿或无偿地转移或让渡给其他单位和个人的行为"。后者是指已经从集体经济组织那里得到集体建设用地使用权的单位和个人,在法定使用期限或合同约定的试用期届满之前,再以一定的形式,将该集体建设用地的使用权再转移给其他单位和个人的行为。

(2)从流转的来源来看,包括存量建设用地的流转和增量建设用地的流转。

所谓存量建设用地的流转是指原有的经依法批准的农村建设用地及其地上建筑物、附着物的流转。所谓增量建设用地的流转是指根据规划和土地利用年度计划新增的集体建设用地,包括农用地的转用和土地整理、开发而增加的建设用地。我国农村集体存量建设用地,很大一部分是由于乡镇企业改制而出现的。

(3)从流转的具体形式来看,有出租、转让、联营、入股、抵押等。

无论是存量建设用地使用权的流转,还是增量建设用地使用权的流转,其具体采取的流转方式有出租、转让、入股、联营、抵押等。

①出租。所谓出租,是指农村集体经济组织将属于集体所有的农村建设用地及地上建筑物等出租给其他经济组织或个人使用,并按年收取租金的行为。从出租主体来看,既有以集体所有者作为出租主体,主要表现为村集体将非农建设用地使用权或厂房出租给企业或个人搞"招商引资",由集体收取租金;也有以建设用地使用者作为出租主体的,主要表现为原来的村办和乡镇企业以全部或部分土地出租,收取租金为企业盈利,以及在城乡结合部农民个体出租房屋获取租金收入已成为其家庭收入的主要来源之一。按照出租土地使用权时是否附带地上建筑物,可以分为直接出租土地使用权,也有先在地上兴建仓库、小商品市场、各种商业用房等再随房租地等。据我们在浙江临平、萧山等地的调查,由于这些地区物流业较为发达,各种商业用房、物流中转仓储用房需求量大,所以许多村将村里的杂地、废弃地等以出租的方式流转,不仅满足了市场需求,也为农民和集体带来了可观的经济收入。

②转让。所谓转让是指集体建设用地的所有者或使用者,以出售的形式一次性将土地的使用权让渡给受让者使用的行为。有几种形式:一是集体建设用地所有者将一定年限的集体建设用地使用权转让给受让者,主要用于办厂,这

种形式类似于国有土地使用权的出让。村集体或乡政府作为土地所有者收取土地转让金。这在沿海一带较为普遍,主要是企业用地。二是集体土地所有者直接转让土地获取土地出让金或以地合作开发建设商品住宅,开发商分得部分商品房,其所占的土地使用权也随之转移。这种情况主要发生在各地的城乡结合部,也就是业界所称的"小产权房"。三是集体建设用地的原使用者(包括企业和个人)在土地使用年限到期之前,经土地所有者允许将一定年限的或无年限的建设用地使用权转让给其他企业或个人。无年限的建设用地使用权转让较为突出的就是农村中的私房买卖。

③入股、联营。集体土地使用权的入股、联营是指农村集体土地所有者或使用者依法以土地作价作为出资额入股,或者将土地作为与其他单位、个人共同兴办企业或商业甚至房地产合作、联营开发的条件,即一方出资金,另一方出土地搞合作开发。

④抵押。集体建设用地的使用者将土地使用权作为融资的担保,一般是将合法的土地使用权连同地上建筑物向债权人融资的行为。《担保法》第三十六条规定:"乡(镇)村企业的土地使用权不得单独抵押。以乡(镇)村企业的厂房等建筑物抵押的,其占用范围内的土地使用权同时抵押。"但是在现实中,由于我国相关法律对集体建设用地的处置方法和程序没有明确的规定,银行一般不太愿意以这类集体建设用地使用权作为抵押物来发放抵押贷款,导致集体建设用地使用权的融资功能较难实现。

3. 我国集体建设用地流转的现状及其特点

(1)流转现象大量存在,流转规模不断扩大,参与流转的土地来源多样化。

近年来,随着城市化和工业化的发展,对土地资源的需求不断上升,农村建设用地以各种形式流转并成规模扩大和上升趋势已是不争的事实。据 2001 年国土资源部土地利用司组织力量对河南、浙江、上海、江苏、广东五省(市)的集体建设用地流转情况进行调查,结果表明,无论是经济欠发达地区还是经济发达地区,集体建设用地流转都已大量存在,并在各地的社会经济活动中占有相当重要的地位。例如,河南城郊结合部家电市场、建材市场和集贸市场等使用的土地全部是集体土地;苏州一半以上的集体建设用地进入市场流转,涉及面积超过 10 万亩;广东东莞市石碣镇 10 万平方公里的建成区,集体建设用地占2/3(国土资源部土地利用司调研组,2002)。同时,20 世纪 90 年代末开始,流转规模呈现上升趋势,以苏州张家港市为例,1997 年集体建设用地流转 40 宗,面积 27.8 公顷,金额 2569.6 万元,而 1999 年集体建设用地流转达到 384 宗,面积503 公顷,金额 5272.5 万元,2000 年不到一年时间,集体建设用地流转就达 541

宗,面积 251.27 公顷,金额 7053.7 万元。[①] 参与集体建设用地流转的来源也呈多样化,不仅乡镇企业用地随着企业改制普遍流转,农村宅基地也随房屋买卖或出租等进行流转。如湖州南浔区 141 个乡镇中共有使用集体土地的乡镇企业 171 家,涉及宗地 186 宗,土地面积 233.4 万多平方米,其中发生出租、兼并、转让、入股、司法处置等致使集体土地使用权流转的乡镇企业就有 121 家,占到总数的 71%。在 1991 年至 1998 年间,南浔区平均每年发生宅基地买卖 160 起,出租房屋 239 户,涉及的土地面积均超过 1 万平方米。[②]

(2)合法流转与非法流转并存,管理较为混乱。

由于缺乏明确的法律法规支持,加之集体建设用地使用权流转中的巨大价值增值,使得现实中,既有合法途径的流转,如乡镇企业在改制中的土地依法处置,也有非法途径的流转,如乡镇企业在改制中土地未经规范处置或农村集体用地者自发的土地流转。据统计,"1999—2009 年,我国共查处土地违法案件 114.8×10^4 余件,涉及土地面积近 $46.7 \times 10^4 \mathrm{hm}^2$"[③]。全国各地以兴办"开发区"、"大学城"、"汽车城"等名义非法征用的农地竟达 3.6 万平方公里。集体建设用地使用权非法流转过程中,不经过有关部门批准,不办理相关用地手续,有些甚至不签订流转合同,完全的"黑市"行为,给部门管理带来巨大困难。例如,到 2002 年,广东南海全市工业用地 15 万亩,其中非经征地改变集体所有制的土地 7.3 万亩,几乎占了一半。这个数目还不包括一些集体经济组织将宅基地、村边地和部分果园改成的非农地。以平州区为例,集体非农建设用地在市国土局统计数为 2000 亩,而实际数为 8000 亩,比上报数高出 3 倍之多。[④] 江苏省昆山市开发区 8 万多亩工商用地当中,未经国家征地、由农户直接转让使用权的土地约 2 万亩。[⑤] 特别是在非法流转过程中大量耕地未经批准而被转用。据国土资源部的统计,2009 年源于建设用地占用而导致耕地减少的比重为 66.89%。表 5-1[⑥] 反映的是 1999 年到 2009 年土地违法和涉及耕地的情况。

---

① 叶红玲:《"苏州式流转"评说——关于苏州市集体建设用地流转制度创新的若干理论思考》,《中国土地》2000 年第 11 期。

② 国土资源部土地利用司调研组:《浙江、上海、江苏集体建设用地流转调研报告》,2001 年。

③ 龙开胜、陈利根:《中国土地违法现象的影响因素分析——基于 1999—2008 年省际面板数据》,《资源科学》2011 年第 6 期。

④ 高圣平、刘守英:《集体建设用地进入市场:现实与法律的困境》,《管理世界》2007 年第 3 期。

⑤ 周其仁:《农地转让权与征地制度》,《书城》2004 年第 5 期。

⑥ 李尚蒲、罗必良:《中央与地方博弈:来自 1999—2009 年土地审批与违法用地的证据》,《第十一届中国制度经济学年会会议论文汇编》,2011 年 10 月。

表 5-1　1999—2009 年土地违法和涉及耕地的情况（单位：万件、万公顷）

年份	本年发现违法			未经批准用地		
	案件数	涉及土地面积	耕地面积	案件数	涉及土地面积	耕地面积
1999	19.5653	3.357671	1.319595	6.0798	0.8645	0.3421
2000	21.2945	4.028812	1.263449	7.1353	1.2792	0.3879
2001	15.6269	3.691481	1.357854	5.7756	1.2187	0.5357
2002	14.9343	3.832031	1.706067	5.8142	1.4520	0.7442
2003	18.648	7.417694	3.535826	5.5748	2.4347	1.3663
2004	12.1484	8.89891	4.838737	4.5129	2.8016	1.5586
2005	11.7867	5.906936	2.89933	4.6321	2.0998	1.0120
2006	13.6797	9.696998	4.563141	5.706	4.4173	1.8463
2007	13.3151	11.213491	4.971699	5.7799	4.9779	2.1262
2008	10.9633	7.2455	2.8340	3.6185	1.9847	0.8380
2009	8.1160	4.8263	2.1135	2.8182	1.8544	0.8830

资料来源：根据 2000—2010 年《中国国土资源统计年鉴》有关数据整理。

　　在城乡结合部，农民受高额利益的驱动，以出租房屋的形式流转土地，并且违法乱建和私自搭建的现象屡禁不止，不仅影响市容市貌，也给城市管理带来诸多的麻烦。"集体建设用地使用权合法流转与非法流转并存的混乱局面根源于国家对集体土地产权的歧视政策，只要集体土地所有者和使用者不能正常的分享经济增长带来的土地增值，非法流转现象就不可能得到根治。"[①]

　　（3）流转的形式多样化，各地的试点不断推进，参与流转的主体多样化。

　　按照法律规定，我国农村集体建设用地所有权流转只有通过国家征用或征收实行单向流转。而集体建设用地使用权的流转，涵盖了出租、转让、入股、联营、抵押、置换等多种形式。而且各地都进行了集体建设用地以各种形式直接入市的尝试，相继出台了具有地方特色的相关流转法规。例如广东省南海市早在 20 世纪 90 年代初，为了应对农村工业化对建设用地的需求，当时的南海县政府的具体做法是，以行政村和村民小组为单位，对集体土地进行"三区"规划，分为农田保护区、经济发展区和商住区，由集体经济组织出面，以土地招商引资。当时主要是以土地出租的方式进行流转，以满足大量的企业用地的需要。

---

　　① 康雄华：《农村集体土地产权制度与土地使用权流转研究》，华中农业大学博士毕业论文，2006 年。

对于集体土地出租所获得的巨大土地收益,如何更好地在集体经济组织内部每个成员之间公平地分配是土地流转后面临的又一个现实问题,为此南海尝试了以集体土地股份制代替原来的农户分户承包制。具体办法是:将集体财产及土地折成股份,以社区户口作为配股对象,并根据不同成员的情况如婚丧嫁娶、入伍、入学等引起的人口变动所导致的成员权变化引起的股权调整作出严格规定的基础上设置基本股、承包权股和劳动贡献股等多种股份,以计算不同的配股档次,按股权分红。这种方式,避免了国家征地垄断农地非农化的格局,也为农民带来了巨大的土地收益。通过集体土地的股份制,1993—2005 年南海每个集体经济组织(村组两级)从土地和厂房出租获取收益每年高达 5000 万～6000 万元,高的达上亿元。农民每年通过股份分红平均达 3000 多元。同时集体经营土地收入成为社区提供公共产品和为村民提供福利的主要来源。公共产品和公共福利包括修建道路、桥梁、安装自来水、下水道、村容整治、村民医药费补助、修建学校和补助学校的日常支出、村民养老补贴,等等。正是这种土地非农化给集体经济组织和村民所带来的巨大收益,导致现实中大量的、普遍的、查不完、禁不止的集体非农建设用地的自发流转,比如随意占用耕地出让、转让、出租用于非农建设,低价出让、转让和出租农村集体建设用地,随意改变土地建设用途,以及因此导致权属不清诱发纠纷,等等,从而形成了对现行法律法规的倒逼之势。为了更好地加强对集体建设用地流转的管理,规范集体建设用地使用权流转的市场秩序,广东省政府于 2003 年出台了《关于集体建设用地流转的通知》,并于 2005 年 6 月以省长令的形式正式颁布了《广东省集体建设用地流转办法》,于当年的 10 月日正式开始实施,成为我国首部集体建设用地流转的地方性法规。该办法规定集体建设用地可以用于兴办各类工商企业,包括国有,集体、私营企业,个体工商户,外资投资企业(包括中外合资、中外合作、外商独资企业、"三来一补"企业),股份制企业,联营企业等;兴办公共设施和公益事业;兴建农村村民住宅。并对集体建设用地使用权的出让、出租、转让、转租和抵押以及集体土地所有者出让、出租集体建设用地使用权所取得的土地收益等作出了具体的规定。这一《办法》的出台,突破了现行《土地管理法》关于"农民集体所有的土地的使用权不得出让、转让或者出租用于非农建设"的限定,打破了国家对土地一级市场的垄断,实现了集体土地与国有土地的"同地、同价、同权",有利于形成平等的城乡土地竞争市场格局。集体建设用地使用权的流转,也使农村集体和农民分享到了土地的资产性收益。对于用地需求者来说,不仅打破了原来只能使用国有土地这一唯一途径,增加了选择的余地,也可大大简化用地的手续和费用,从而降低农村工业化的门槛,加速农村工业化的进程。1999 年 11 月,安徽芜湖作为国土资源部批准的全国农民集体所有的建设用地使用权流转改革的试点地区,旨在通过集体建设用地使用权的流转加快推进小城镇建设。为此在国土资源部的直接领导下,安徽芜湖市政府经过3个月的调研和组织,制定了芜湖市集体建设用地使用权流转的《试点方案》和《实施办法》并于2000年的2月得到了国土资源部的批准。选择芜湖县清水镇、繁昌县三山镇、鸠江区大桥镇、马塘区澛港镇、南陵县三里镇作为首批试点单位,封闭运行。待条件成熟时再逐步扩大试点范围。其试点的具体内容可以归纳为以下几条:①符合土地利用总体规划、城镇(集镇)建设规划和土地利用年度计划,并依法取得土地使用权的农民所有的集体建设用地,可以在不改变集体所有权性质的前提下,采用转让、租赁、抵押或作价入股等形式,用于乡(镇)村办企业、公共设施、公益事业、个体工商户、私营或者联户办企业以及农村村民建住宅等用途。②集镇建设使用农村集体经济组织所有的土地,在涉及占用农地时,需按规定办理农用地转用手续。③集体建设用地由乡镇人民政府统一开发,采用招标、拍卖等方式提供土地使用权。④农民建设用地流转时必须要征得土地所有者的同意并由其与使用者签订书面协议。⑤集镇根据土地利用总体规划、城镇体系规划及社会发展规划编制建设规划,并根据这一规划向县政府申报下一年度土地利用年度计划建议,并报市人民政府土地行政主管部门。试点乡镇土地利用年度计划由市人民政府实行计划单列。⑥允许分属不同的农村集体经济组织的农用地和建设用地进行置换,以促进建设用地向小城镇集中和土地整理。⑦农民集体建设用地使用权流转可分为首次流转和再次流转。如发生首次流转,土地所有者和流转双方须持土地所有权和使用权证、统一流转协议、土地流转合同、地上建筑物证明等文件,向当地市、县人民政府土地行政主管部门提出书面申请,经批准后,方可领取农民集体所有建设用地使用股权按流转许可证,办理土地登记。如发生再次流转,流转双方须持土地使用权证、前次流转合同、本次流转合同、地上建筑物证明等文件,向市、县人民政府土地主管部门申请办理土地变更等级或租赁、抵押登记手续。⑧农民集体所有建设用地流转的土地收益,要在土地所有权人与市、县、镇人民政府之间进行分配。并根据不同的用地性质(如商住用地,商业、旅游、娱乐用地,工业、文教卫体综合用地及其他用地)、各镇的地理位置和经济发展程度等因素,确定各镇的土地使用者以每平方米1元～3元的标准向市、县政府缴纳土地流转收益。农民集体建设用地再次流转产生的增值收益,在减除前次流转所支付的金额、开发土地的成本费用、新建房及配套设施的成本费用后,再按一定比例进行分配。土地流转收益和增值收益,在土地所有者、镇、县(区)、市之间按2:5:2:1进行分配。2002年,为了让流转收益更多地转向基层,明确市级不参加分成,将县、乡(镇)、集体经济组织分成比例调整为1:4:5。芜湖市农民集体建设用地使用权流转的试点取得了较好的经济和社会效益。据《国土资源通讯》记者赵黎明①的调查,芜湖市自试点以来,集体建设用地使用权流转使集镇的规模不断扩大和城镇化水平显著提高。尤其是首批试点的 5 个镇,经过几年试点,城镇规模有了很大的发展。大桥镇镇区规划 3 平方公里,现已开发建成 1.5 平方公里;三山镇建成区由试点前的 1.2 平方公里发展到现在的 3.5 平方公里;三里镇建成区由试点前的 0.8 平方公里发展到现在的 1.2 平方公里;澛港镇利用开展试点的机遇实施移民建镇,澛港新区建成区已达 0.6 平方公里。各地还通过盘活存量集体建设用地加快了小城镇的发展。繁昌县三山镇于 2000 年采取"拆一还一"方式,实施旧镇改造,盘活了集体建设用地 39 亩,成功改造了一条长 500 米,建筑面积达 2 万多平方米的兴隆街,安置了 120 名下岗职工,补偿村民(居民)资金 400 多万元。芜湖市将工业集中到具备发展条件的区域,以符合当地实际的某一特色产业为切入点,着力营造相对较好的工业发展氛围,逐步形成聚集效应。根据各试点镇不同的经济基础、区位优势和产业特点,按照全市的统一规划,建设了绿色食品工业园、机械工业园等具有不同特色的工业园区。各地还通过招标、拍卖等盘活存量集体建设用地,芜湖市立足于盘活促进经济发展和土地利用效率的提高。5 年来,全市共盘活存量建设用地 5280 亩,大大提高了土地集约利用水平和土地利用效率。为了防止集体建设用地使用权流转过程中违规占用耕地导致大量耕地被转为建设用地现象的发生,每年年初,市同县(区)、县(区)同乡(镇)人民政府逐级签订实现耕地占补平衡和土地执法责任状,实行年中跟踪监督、年底考核检查,有效地保护了耕地。各试点镇上报流转项目涉及占用农用地时,县(区)政府要同时上报实现耕地占补平衡的书面承诺;没有能力完成占补平衡的,按每亩 4000 元的标准缴纳开垦费。由市国土资源局统一安排,在全市范围内造地,确保全市实现耕地占补平衡。江苏昆山市是长三角区域城市群中位置最靠近上海的,享受着上海经济发展最为直接的辐射和带动,同时又能发挥自身土地、人力资源相对于上海而言较为低廉的比较优势。早在 1985 年,昆山市政府大胆实践,自费设立昆山经济技术开发区,并相机出台了开发区的优惠政策。20 世纪 90 年代初期,邓小平南行讲话之后,浦东开发区投入建设,以上海为龙头拉动长三角经济发展的局面初步显现,国际产业资本转移进入快速发展阶段。昆山市充分利用自身的区位优势,通过以土地招商引资,吸引了大批台资和外资企业纷纷落户,走出了一条以地富县强县的路子。1992 年,昆山市被批准为全国第一家县级市开发区。伴随着开发区的

---

① 赵黎明:《流转出活力——芜湖市农民集体所有建设用地使用权流转的调查》,《国土资源通讯》2006 年第 13 期。

建设和大量外资企业的落户，昆山市集体设用地的流转也日显活跃，为了规范农村集体存量建设用地使用权流转行为，维护土地所有者和使用者的合法权益，盘活存量土地，优化土地资源配置，促进土地市场健康有序地发展，昆山市积极探索和创新集体建设用地流转制度的改革。首先，农地主要通过非农化形式转变为农村集体非农建设用地。农民集体向农地的实际占有者——农户依法收回农地，经有偿征用后将其非农化。其二，对存量的农村集体非农建设用地通过收购与收回等方式重新进入市场。这主要指原有的农村集体非农建设用地按法律规定，重新被集体收回或收购的行为。一般有两类情况：一类是为集体公共利益或乡村规划需要，调整土地利用的，一般采用收购方式，即对原土地使用权人给予适当的补偿；另一类是对使用期满、用地者撤销迁移、违法使用或闲置期过长等土地依法收回，一般不给予补偿。这个市场的需求者是农民集体，供给者是原有的土地使用者，其权利关系可以说是农村集体非农建设用地使用权重新归属到农民集体所有者手中。其三，农村集体非农建设用地在土地一级市场中，以出让、租赁、作价入股、划拨或授权经营等多种形式，将土地使用权进一步转移。最后，土地使用权又以转让、出租、抵押、置换等方式在农村集体非农建设用地二、三级市场进行权利的全部或部分转移，也即土地使用权的再次流转。随着台资和外商到昆山开发区买地建厂，土地越来越值钱。市政府通过盘活存量集体建设用地，获得了可观的土地利益。但作为集体土地所有者的当地农民，如何分享土地资产的利益就成为随之面临的一个新的问题。为此1997年，比邻经济开发区的陆家镇车塘村，仿效地方政府的做法，通过买土填平村头村尾的烂泥塘、沟渠，"复垦"了40亩土地。按照政策，车塘村可以因此得到40亩的建设用地指标，获得了使用这40亩地的指标搞建设的土地自主权。按照当时的价格，一亩地的年租金就有6000多元，如果是出让，一亩地则达20多万元。但如果由政府征用然后再流转给土地需求者，农民得到的一次性补偿最多也就2万元。正是这种巨大的收益差距，激发了农民的创新热情。1999年，村民陈振球联合4户村民投资15万元建造了一个432平方米的标准厂房，占了40亩指标中的1亩地，村里以租赁的形式给陈振球。陈振球后来组织了一个投资协会。做标准厂房出租后的第一年，他们获得了12%的投资回报。榜样的力量是无穷的，到2001年12月，车塘村共成立了9个投资协会，总计投资679万元，参加投资协会的农户总数为105户，接近总户数的1/5。除了七栋标准厂房，协会兴建的项目中，包括两座打工楼、一座农贸市场和66间店面。到2005年，昆山市已有1600余户村民自发加入各种以开发非农土地为目的的合作组织，投资总额超过6000万元。昆山市政府在了解整个事情的经过后，给了明确的观点：这是一个创举，应该扶持。后来，内部文件中，官方把车塘村的模式归结为"农村专业股份合作制"。后来昆山市委又在出台的富民政策28条文件中,明确提出:发展农村专业股份合作制经济,是富民的主要手段之一。昆山市的农村集体非农建设用地流转创新打破了政府垄断土地一级市场的局面,最大限度地维护了农民和农民集体的土地资产权益,实现了土地的国有和集体"两种产权、同一市场"的管理格局。总之,各地的实践试点和创新为集体建设用地流转的进一步改革作了新的探索。但是由于我国地域广阔,地区经济社会发展差别较大,加之地方性法规和政策与国家大法的冲突,无法从根本上保护农村集体土地所有者和使用者的权益,还需要从国家层面的政策和法律上寻求改革的突破口,以进一步规范集体建设用地流转市场的运行。

随着各地集体非农建设用地直接进入市场流转的不断发展,参与土地流转供需主体也呈现多样化的趋势。从土地供给方来看,既有乡(镇)、村和村内农民集体经济组织,也有乡(镇)政府和村民委员会等各组织,还有乡镇村企业和个人等土地使用者。从土地需求方来看,既有农民集体组织内部成员,也有集体以外的单位和个人(国有企业、民营企业和工商户等)。

(4)集体建设用地流转的区域特征较为明显。

对处于不同经济发展水平的区域,一方面流转的规模、方式具有显著的区域特征。据国土资源部土地利用司对全国的调研表明,在经济欠发达地区,集体建设用地流转是零散的、自发的,流转规模小,流转形式少,主要是农民出租住宅和集贸市场出租摊位等;在经济中等发展地区,除出租房屋外,集体建设用地大多通过乡镇企业改造改组,盘活利用厂房和生产场地来带动流转;在经济发达地区,集体建设用地流转已经演变成集体有组织地开展大规模和多形式的流转(国土资源部土地利用司调研组,2002)。即使在同一区域,由于区位条件的差异,集体建设用地使用权流转也呈现不同的特点。例如,受城市社会经济辐射强度大和市场化水平比较高的城乡结合部,集体建设用地流转无论是农民宅基地的流转,还是集体土地的流转,不仅非常活跃,而且已具有相当规模;而在一些远离城镇中心的农村,尽管是已关闭的乡镇企业用地已经多年闲置,且价格也较低,但仍然难以流转出去。另一方面各地的违法流转、建设超额占用耕地等的行为和规模也与地方经济发展水平密切相关。其一,区域经济增长是超额用地的重要影响因素之一,经济增长与超额用地行为有较强的正向相关关系,即在保增长的前提下,地方政府有突破中央政府对土地审批指标限制的内在冲动。其二,中央整治土地违法的总体力度和中央对各省土地违法案件查处的频率,将起到缓解超额占地的作用。而中央的监控重点区域是经济发达地区,欠发达地区相对受到卫星遥感技术等的检测和跟踪的力度要小于经济发达地区,且中西部经济欠发达地区的农地资源较为丰富,其超额占用耕地的可操作空间相对较大。因此上述两种因素使得地方政府超额占地行为具有较强的区域特征,相对于经济发达地区,欠发达区域的超额占地行为更为明显。[①]

5.2 农村集体非农建设用地流转的收益及其分配

收益分配是土地流转中的核心问题。目前集体非农建设用地流转中暴露的种种矛盾和问题以及理论研究的思路和制度设计,其核心问题就在于对流转收益的界定和合理分配,也即要揭示流转收益的来源和形成、参与流转收益分配的主体及各自的权益。为此,对于集体建设用地流转收益及其分配的研究,必须从理论上厘清三个问题:一是收益的形成和实现必然以流转为前提,而决定流转收益的内在理论基础就是马克思的地租地价理论;二是流转中的产权关系决定了参与流转收益分配的主体及其各自的权益;三是流转的形式和途径决定了收益的实现方式及规模大小。

5.2.1 马克思的地租地价理论是研究土地流转收益的产生及其分配的理论基础

马克思的地租理论认为,人类土地可分为土地物质和土地资本。土地物质是就土地的自然属性而言的,完全是大自然的产物,其中不包含任何人类劳动,不是劳动产品,没有价值,但有使用价值,并存在价格。土地资本是指土地已经物化了人类劳动,这种固定在土地中的劳动成为土地资本。换言之,投入经济运营的土地即土地资本。目前我们所利用的土地,经过了人类长期的开发和利用,在一定的劳动条件下,能为人类永续提供产品和服务,即产生地租。马克思将这部分地租称为"真正的地租',也是狭义的地租,是"虚拟的价值"。土地作为生产要素,土地取得的是"虚拟价值",价值仍是由劳动创造的,土地并不创造价值,但在商品经济存在的条件下,土地由于其独特的使用价值和稀缺性,土地所有权就必然要在经济上实现,土地这一生产要素需要在产权上给予界定,土地参与价值的分配即表现为产权的实现。周诚将经济土地看作"自然土地"和"人工土地"相结合而成的自然—经济综合体。[②] 二者分别具有其地租和地价,它们在性质上是不同的,但是共同构成统一的地租和地价,从而形成地租与地

---

① 李尚蒲、罗必良:《中央与地方博弈:来自 1999—2009 年土地审批与违法用地的证据》,《第十一届中国制度经济学年会会议论文汇编》,2011 年。

② 周诚:《土地经济学原理》,商务印书馆 2003 年版,第 7 页。

价的二元性。根据马克思的地租地价理论,"土地价格是地租的资本化"[①]。马克思指出:"无论地租有什么独特的形式,它的一切类型有一个共同点:地租的占有是土地所有权借以实现的经济形式。"[②]"地租在形式上可以分为绝对地租和级差地租。绝对地租是土地所有权垄断的结果,是土地所有权权益在经济上的实现,归土地所有者拥有;而级差地租又可以分为级差地租Ⅰ和级差地租Ⅱ,级差地租Ⅰ的高低取决于土地质量和土地区位的好坏,级差地租Ⅱ由土地使用者投入资本量的多少来决定。"[③]土地流转的收益实际上就是土地作为一种经济资源和生产要素,在市场流通过程中所产生的交易价格。而决定其交易价格高低的内在价值就是地租,此外还受到土地市场供求关系和政府相关政策控制的影响。因此,马克思的地租地价理论就成为研究集体非农建设用地流转收益及其分配问题基本的理论基础。

5.2.2 按照产权理论界定参与土地流转收益分配的主体及其权益

按照产权理论的解释,完整的土地产权应该包括所有权、使用权、收益权和处置权。其中使用权是所有权的派生,收益权和处分权是所有权和使用权的具体体现。土地的流转就是土地的各种权益在不同主体之间的转让和交易。权益让渡中土地财产价值的货币表现就是土地的流转收益。因此,参与收益分配的主体应当包括所有者、使用者、经营者、市场交易的组织者和管理者。我国宪法和土地管理法规定:"中华人民共和国实行土地的社会主义公有制,即全民所有制和劳动群众集体所有制。全民所有,即国家所有土地的所有权由国务院代表国家行使。""城市市区的土地属于国家所有。农村和城市郊区的土地,除由法律规定属于国家所有的以外,属于农民集体所有;宅基地和自留地、自留山,属于农民集体所有。"可见我国集体土地的所有者是农村集体。20世纪80年代初,我国农村实行家庭联产承包经营的土地使用制度,农户按照人口享有平等的农村土地承包经营权,在承包地上从事农村生产活动并获取土地产出的收益。因此,农民是集体土地的使用者。80年代中期以后,随着农村二、三产业的发展和农民外出务工经商,农户承包地以各种方式进行流转,从而产生了土地使用者的变动。因乡镇企业发展的企业用地和农村公共设施和公益事业用地及农民宅基地产生了农村集体建设用地的使用者。此外土地流转作为一种市

---

① 毕宝德:《土地经济学》,中国人民大学大学出版社2001年版。
② [德]马克思、恩格斯:《资本论》第3卷,人民出版社1975年版。
③ 殷少美、李纪军、周寅康:《集体非农建设用地流转研究评述》,《农村经济》2005年第9期。

场交易行为,需要有完善的市场中介组织和机构,提供相应的服务(如市场交易信息的搜集和发布、交易合同的签订等)才能保证土地流转的顺利和有序进行,为此交易双方必须支付一定的交易费用。而政府作为市场的管理者,有权按照相关规定收取交易的税收。由此,我们认为在集体建设用地流转的过程中,有权参与流转收益分配的对象包括集体土地的所有者——农民集体;土地的使用者——包括农地的承包者和经营者,集体建设用地的使用者;土地流转中的市场组织者和管理者——土地市场中介组织和政府。土地市场中介组织按规定收取流转的交易费用,政府按照规定收取交易的税收。

5.2.3　不同流转方式下的流转收益及其规模

集体建设用地流转的收益是指因经济发展的作用和土地投资的改良等而形成的地租地价的上涨,通过流转而实现的价值增值。主要来源于两方面:一是由于土地用途的改变和利用强度的提高而产生的增值。例如,将农业用地规划为建设用地,或者通过容积率的改变,提高原有土地利用强度等。二是在不改变原有用途的前提下,由于社会经济发展、农村基础设施和公共设施改善而产生的土地价值增值。目前,对于集体建设用地流转收益分配的矛盾,从根本上说就是对于这两种不同来源的土地价值增值,对有权参与增值收益分配的各主体来说,各自所应得的权益是什么。由于在我国现有的法律制度框架下,农村集体建设用地流转存在着所有权流转和使用权流转两种不同的方式,而不同的流转方式所形成的收益也不同。为此,必须针对我国现有的集体建设用地流转的不同类型和方式及其收益的形成进行考察和分析,才能找到问题的症结所在。

1. 农村非农建设用地所有权流转的收益分配及其矛盾

(1)集体建设用地征用权的滥用,土地一级市场和二级市场价格的巨大差异是导致集体建设用地流转中各种矛盾和问题的核心所在。

我国集体非农建设用地所有权流转是指根据土地利用总体规划和年度利用计划,地方政府代表国家通过征用或征收的方式,先将集体所有的土地(包括存量建设用地和由耕地等转用而来的)转为国有,再通过划拨或招、拍、挂的方式,用于公共利益或商业利益的土地开发。这种方式下的农村集体非农建设用地流转的收益分配实际上涉及两个层次:一是地方政府代表国家征用集体土地而支付给被征用土地的所有者或使用者的征用款;二是地方政府在土地市场上出让土地使用权而获得的土地出让金。《土地管理法》第四十七条规定:征收土地的,按照被征收土地的原用途给予补偿。征收耕地的补偿费包括土地补偿费、安置补助费以及地上附着物和青苗的补偿费。征收耕地的土地补偿费,为该耕地被征收前三年平均年产值的六至十倍。征收耕地的安置补助费,按照需要安置的农业人口数计算。每一个需要安置的农业人口的安置补助费标准,为该耕地被征收前三年平均年产值的四至六倍。被征收土地上的附着物和青苗的补偿标准,由省、自治区、直辖市规定。征收其他土地的土地补偿费和安置补助费标准,由省、自治区、直辖市参照征收耕地的土地补偿费和安置补助费的标准规定。可见,在我国目前的集体建设用地征用流转模式中,农民集体和个体作为建设用地的所有者和原使用者只获得了流转收益中的部分绝对地租(土地补偿费、安置补助费)和部分级差地租Ⅰ(因为土地补偿费和安置补助费的标准可能会由于被征用土地所处的地理位置和土地质量的好坏而有所差别),而地方政府通过强制性的所有权转让而获得了大部分的绝对地租和大部分的级差地租Ⅰ、全部的级差地租Ⅱ。这种收益分配的巨大差异是导致目前农村集体土地征用中各种矛盾和问题产生的根本原因。"根据曲福田(2001)的研究,土地征用价格同出让价格之间的比例关系大致为 1∶10 的关系,因此,以低价征用高价出让方式获取资金成为地方政府资本原始积累的首要选择,在有些乡镇,预算外收入的百分之八十来源于土地出让收益。"[1]有关资料显示,2002 年,全国土地使用权招标拍卖收入平均每亩为 35.67 万元,而对征地农民的补偿通常每亩只有 1.5 万~3.5 万元。[2]自 20 世纪 90 年代分税制改革后,土地出让收入基本划归地方政府(市、县(区)、乡(镇)),实践过程中逐渐演变成地方的第二财政。土地收入占地方政府财政的比例逐年攀高,一些城市甚至会超过 50%,如果加上其他相关收入,这个比例可能会更高。近日,国务院发展研究中心副主任韩俊在《农民日报》上撰文称,2011 年我国土地出让金的收入已经超过 3.15万亿元。其中房地产出让土地的收益就达 2.7 万亿元,而到 2011 年 10 月末土地出让收益用于"三农"支出只有 1234 亿元。根据财政部《关于 2010 年中央和地方预算执行情况与 2011 年中央和地方预算草案的报告》显示,2010 年国有土地使用权出让收入 29109.94 亿元(此处土地出让收入为财政部口径,与国土部统计数据略有差别),当年安排支出为 26975.79 亿元,这包括征地补偿拆迁补偿等成本性支出 13395.6 亿元、廉租住房保障支出 463.62 亿元、用于城市建设的支出 7531.67 亿元。这显示,2010 年地方政府的成本性支出大约是当年土地出让收入的 46%,高于业界预测。但简单计算可以得出,当年地方政府的纯收益依然在 1.5 万亿元左右(29109.94－13395.60＝15714.34 元)。土地的征用

---

① 刘洪彬、曲福田:《关于农村集体建设用地流转中存在的问题及原因分析》,《农业经济》2006年第 2 期。

② 张熙:《城市化进程中的阴影》,《改革内参》2003 年第 32 期。

权是国家所特有的"警察权",其前提必须是为了公共利益的需要。但现实中集体建设用地征用权的滥用,土地一级市场和二级市场价格的巨大差异是导致集体建设用地流转中各种矛盾和问题的核心所在。

(2)我国现有土地征收(用)制度的相关法规及其自相矛盾是导致集体建设用地征用权滥用的法律根源。

《土地管理法》作为规范和管理土地使用的法律依据,却存在着自相矛盾、表述不清的弊端。其一,《土地管理法》第二条第三款规定:"国家为了公共利益的需要,可以依法对土地实行征收或征用并给予补偿。"第四十三条规定:"任何单位和个人进行建设,需要使用土地的,必须依法申请使用国有土地……前款所称依法申请使用的国有土地包括国家所有的土地和国家征收的原属于农民集体所有的土地。"从这两条规定中不难看出,其存在着自相矛盾的法律冲突:一方面,国家动用土地征用权的前提被限定在"为了公共利益的需要";另一方面,任何单位进行建设(不论是否是为了公共利益的需要)都只能申请使用国有土地而不能直接申请使用农民集体所有土地。而使农民集体所有土地转变为国有土地的途径就是土地征用,这是导致目前土地征用权泛化的法律根源。其二,《土地管理法》第四十七条规定:征收土地的,按照被征收土地的原用途给予补偿。而该条的第二款又专门针对征收耕地的补偿内容及其标准作了规定:"征收耕地的补偿费用包括土地补偿费、安置补助费以及地上附着物和青苗的补偿费。征收耕地的土地补偿费,为该耕地被征收前三年平均年产值的六至十倍。征收耕地的安置补偿费,按照需要安置的农业人口数计算。每一个需要安置的农业人口的安置补助费标准,为该耕地被征收前三年平均年产值的四至六倍。"但是,按照农村土地的现实,因建设需要而被征用的土地对农民个体来讲,既可能包括其承包的耕地,也可能涉及农民的宅基地及其房屋。如果说耕地从法律层面对农民来讲只是一种用益物权,不具有人格化的所有权,按照现有的法律规定补偿标准尽管也存在着诸如标准过低、农民的土地社会保障功能替代方式不完善等问题,但其最终的决定权大多掌握在作为土地所有权代表的村级集体组织手中。而属于农民私产的宅基地及其房屋,无论是从法理层面还是农民主观认同上,农民对于是否愿意被征用及征用补偿的多少都应当具有绝对的话语权。这也是各地因对农民的房屋强制拆迁而引发的矛盾进而演变为极端事件,远比农民因承包地(田)被征用而引发的矛盾要激烈得多的根本原因。虽然《国有土地上房屋征收与补偿条例》已于2011年1月公布实施,但是对于农村集体土地上的房屋征收及补偿的相关条例却迟迟未见启动。而随着城市化的不断推进,特别是在原来的城郊结合部,大量的农民房屋有可能面临被征收拆迁的境地,如何给农民以合理的补偿,迫切需要相关法律的出台。其三,《土地管理法》第四十三条规定："任何单位和个人进行建设,需要使用土地的,必须依法申请使用国有土地;但是,兴办乡镇企业和村民住宅经依法批准使用集体经济组织农民集体所有的土地的,或者乡(镇)村公共设施和公益事业建设经依法批准使用农民集体所有的土地的除外。而《土地管理法》第六十条规定:"农村集体经济组织使用乡(镇)土地利用总体规划确定的建设用地兴办企业或者与其他单位、个人以土地使用权入股、联营等形式共同举办企业的,应当持有关批准文件,向县级以上地方人民政府土地行政主管部门提出申请……"这也就意味着集体土地不通过征用而用于非农建设(兴办企业)只能被限定在与其他企业或个人共同举办乡镇企业。而事实的情况是,乡镇企业在 20 世纪 90 年代末改制完成以后,这条路已经缺乏现实的基础,从而导致大量的集体建设用地都以非法的形式出租、建厂房等而自发流转。

2. 集体非农建设用地使用权流转的收益分配

此处所指的集体非农建设用地使用权的流转并非是指国家政府在经过集体土地征用后再将集体建设用地的使用权流转的情况,而是指集体经济组织作为集体土地的所有者,在不改变土地集体所有权的前提下,主要通过以下几种方式直接让渡集体建设用地的使用权:(1)集体经济组织或个人将集体土地、房屋和经营场所通过出租、转让给其他单位或个人使用。由使用者支付一定数额的租金或支付一定的土地补偿。转让租赁一般均有期限限制。(2)以土地使用权出资入股与其他单位联合兴办企业,发展产业经济。(3)联合开发。集体经济组织以土地使用权为条件联建房屋,联手开发。修建住宅、商铺出售给本集体之外的人员,也就是当前所热议的"小产权房"。此外还有抵押、法院判决等而引起的集体建设用地使用权流转。或者是集体建设用地的使用者在原集体建设用地使用期限到期之前再将土地的使用权再次进行流转的行为。对于这两种方式的集体建设用地使用权的流转,根据其流转中的价格谈判核心不同可以分为以经济组织为核心的流转和以土地的原使用者为核心的流转,其流转及收益的形成可以通过下列图例来表示(图 5-1 和图 5-2)。

在第一种方式下,价格谈判的核心是集体经济组织。集体经济组织在符合规划和征得多数村民同意的情况下,将存量集体建设用地使用权流转给土地的意向使用者,其价格决定于双方的谈判和博弈。在此过程中分为两个环节:过程 I 是集体经济组织与土地意向使用者的谈判,经过双方的谈判和博弈确定最后的交易价格。过程 II 是集体经济组织与原土地使用者的谈判,具体又分为两种情况:当流转的某一地块是属于村集体所有的(如原来属于村集体所有的房屋、村内的空闲地等),那么集体经济组织所获得的这一地块的流转收益就是双方所达成的交易价格(不考虑在此过程中所支付的交易费用和相关税费);当流

过程 I

集体经济组织 ←—— 集体建设用地使用权 ——→ 集体建设用地意向使用者
———— 土地流转价格 ————

过程 II ↓ 补偿

原土地使用者

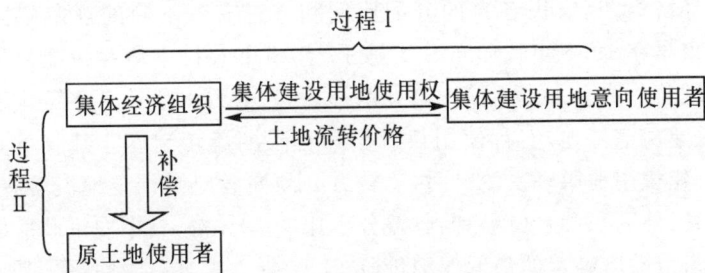

图 5-1 以集体经济组织为核心的收益形成关系

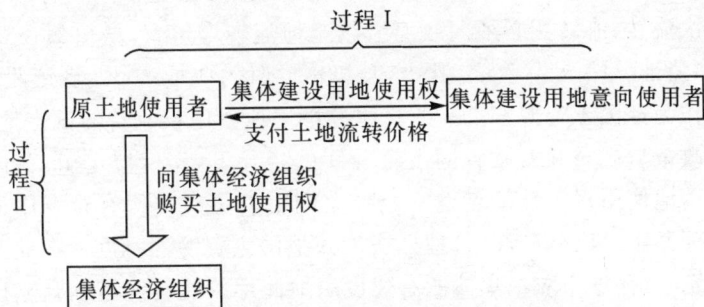

过程 I

原土地使用者 ←—— 集体建设用地使用权 ——→ 集体建设用地意向使用者
———— 支付土地流转价格 ————

过程 II ↓ 向集体经济组织购买土地使用权

集体经济组织

图 5-2 以原土地使用者为核心的收益形成关系

转的这一地块的使用权属于原土地使用者,如农民的宅基地或自留地、企业所使用的土地、厂房等,那么,集体经济组织所获得的该地块的流转收益就等于双方达成的流转价格减去补偿给土地原使用者的价格后的余额。

在第二种方式下,价格谈判的核心是原土地使用者。同样包含两个环节。第一个过程可以看做是集体建设用地使用权的再次流转。土地流转的价格决定于原土地使用者与土地意向使用者的谈判和博弈。第二个过程可以看做是集体建设用地使用权的初次流转,流转的价格取决于土地原使用者与集体经济组织的谈判和博弈。那么,该集体建设用地使用权流转的收益,对原土地使用者来说,其所获得的收益就等于再次流转的价格减去初次流转的价格后的余额。集体经济组织所获得的收益就是初次流转的价格(均不考虑流转中的交易税费)。

土地价格是土地收益的货币表现形式。通过以上的分析可以看出,如果赋予集体建设用地使用权直接入市流转的权利,那么其价格的形成如同国有土地市场一样,也是市场机制作用的结果,流转中土地所有者和使用者的收益来源也是很清晰的。虽然综观目前各地集体建设用地使用权直接入市的试点,在流转收益及其分配问题上尚存在着以下几方面的问题:

第一,对于参与流转收益分配的各主体——政府(以市、县、乡镇为代表)、农村集体经济组织、农民各自的分配比例和方式有着不同的规定（见表 5-2）。例如苏州市早在 1996 年就颁布并实施了《苏州市农村集体存量建设用地使用权流转管理暂行办法》（以下简称《办法》）。该《办法》规定，"对集体建设用地（不含农民建房宅基地）实行使用权有偿和有限期流转制度"，其收益分配的具体原则是：建设用地第一次流转时，流转方必须向政府缴纳土地流转收益，政府（包括市、县（郊区）、和乡（镇））的收益分配比例为 30%，其中向市政府缴纳的标准按照苏州市政府确定的最低保护价（1.5 元/平方米）的定额收取，其余按照县级市（郊区）30%，乡（镇）70% 的比例分成；集体和农民的收益分成比例为 70%。出租或按年租制方式流转的，流转方每年向政府按年租金 30% 的标准交纳土地收益。再次流转，流转方必须向政府缴纳土地流转增值费，增值额在 20% 以内的免交，超值部分按 30% 收取，其中，县级市（郊区）收取 30%，乡镇收取 70%。安徽芜湖作为经国土资源部批准的集体建设用地使用权流转的试点地区，在国土资源部政策法规司和安徽省国土资源厅的指导下，先后拟定了《芜湖市农民集体建设用地使用权流转试点方案》和《芜湖市农民集体所有建设用地使用股权流转管理办法》（以下简称《管理办法》）并报国土资源部批准。在此基础上又制定并下发了《芜湖市农民集体所有建设用地使用权流转实施细则》（以下简称《细则》）等相关配套文件。《管理办法》第二十五条规定："农民集体所有的建设用地使用权流转时，土地使用者应当向市、县人民政府缴纳一定比例的土地流转收益。"在此基础上，《细则》规定，集体建设用地使用权初次流转时，土地使用者首先要向市、县人民政府按照 1～3 元/平方米的标准缴纳土地流转收益。农民集体建设用地再次流转产生的收益，在减除前次流转所支付的金额、开发土地的成本费用、新建房及配套设施的成本费用后的增值收益再按一定比例在集体建设用地所有者、各级政府之间进行分配。土地流转收益和增值收益在土地所有者（农民集体）、乡（镇）、县（区）、市政府间的分配比例为 2：5：2：1（2002年调整为 4：5：1，市政府不再参与分配）。由于安徽芜湖的集体建设用地使用权流转试点是以乡镇为主导来进行的，即由乡镇人民政府按照建设规划和土地使用年度计划对集体建设用地统一开发，加大对基础设施的投入，采用招标、拍卖等方式提供土地使用权。因此与其他地方相比，在集体建设用地使用权流转收益的分配中，乡镇政府所占的比例相对较高。河南安阳市规定，对于存量集体建设用地使用权的流转收益按照土地所有者（村民委员会）和管理者（市、县、乡人民政府）4：6 的比例分享，显然政府在收益分配中所占的比例过高。农户宅基地流转收益按所有者与管理者 8：2 的比例分配，所有者所得收益按所有权人和原农户 2：8 的比例分配。浙江省湖州市的试点乡镇，对于存量集体建设用地使用权的流转收益分配按照"谁所有，谁收益"的原则。根据集体土地所有权的隶属关系,分为乡(镇)、村及村民小组两级所有。对于属于乡(镇)级所有的集体土地流转收益全部归乡镇集体经济组织,用于对本乡镇区域范围内的基础设施和公共设施等的投入。村级所有的土地流转收益,由村与乡镇两级分成,村级集体经济组织占80%,乡(镇)占15%,此外,乡镇土地所按照5%的标准收取手续费。村级集体经济组织内部的分配,土地补偿费由集体经济组织占有,劳动力安置费应划分给被安置对象用于再就业和基本生活保障。上海市南汇县对集体土地使用权流转,保证所有权人的收益占总收益的85%,并规定最低的基数为每年2.25万元/hm²,支付给原集体土地所有权人每年1.2万元/hm²,用于对农民的生活补贴。福建闽清按照市、县50%和乡镇、农民集体50%的比例分配。而以南海试点区为代表的广东模式,对集体建设用地使用权流转收益分配,其最大的特点就在于在上交了国家有关的流转税费后使收益内流于集体内部,通过将集体所有的财产、土地和农民的承包地全部集中起来折算成相应的股份,成立专门的土地股份经营公司,对土地进行集中的运作,农民按股获取土地经营的收益。《广东省集体建设用地使用权流转管理办法》规定:"集体建设用地出让、转让和出租的,应当向当地土地行政主管部门申报价格,并依法缴纳有关税费。集体建设用地使用权转让发生增值的,应当参照国有土地增值税征收标准,向市、县人民政府缴纳有关土地增值收益。在缴纳相关税费后的集体建设用地使用权流转收益应当纳入集体财产统一管理。其中50%以上应当存入银行(信用社)专户,专款用于本集体经济组织成员的社会保障,不得挪作他用。具体办法由生省劳动保障部门会同省农业、民政、财政、卫生等部门制定,报经省人民政府批准后实施。剩余的50%左右,一部分留于集体发展村集体经济,大部分按照股份分配给农民。

表 5-2 各地农村集体建设用地直接入市收益分配比例   (单位:%)

地区	市	县	乡镇	农民集体
苏州市	1.0	8.7	20.3	70
芜湖市	10.0	20.0	50.0	20.0
浙江湖州			15.0+5.0	80.0
福建闽清	50.0			50.0
河南安阳	40.0			60.0
湖北随州	30.0			70.0
上海南汇	15.0			85.0

资料来源:张丽、张迎新:《集体建设用地流转中政府定位不明、职能不清的原因分析》,《国土资源情报》2003年第11期。

　　除此之外,为了防止在允许集体建设用地使用权直接入市流转后,由于受经济利益的驱动而违规将土地用于房地产和高档娱乐项目的开发甚至将大量耕地未经批准进行转用等现象的发生,各试点地区都对集体建设用地使用权流转的原则和条件作出了严格的规定。如《广东省集体建设用地使用权流转管理办法》第五条和第十条分别规定:"通过出让、转让和出租方式取得的农村集体建设用地不得用于商品房地产开发和住宅建设";"土地使用者应当按照市、县人民政府建设用地批准文件规定的用途使用土地。确需改变土地用途的,应当经土地所有者和规划行政主管部门同意,报原批准用地的市、县人们政府批准"。《苏州市农村集体存量建设用地使用权流转管理暂行办法》规定,流转的集体建设用地不得举办大型娱乐和房地产开发项目。

　　第二,参与收益分配的主体不尽一致。虽然从一般的情况看,参与收益分配的主体都包括政府、农民集体和农民,但对于以市、县(区)、乡(镇)为代表的各级政府是否参与分配,各地的情况不尽相同,有些地方的市级政府不参与分配,如安徽芜湖);各主体在参与收益分配中的地位也并不尽一致,如有些地区较为突出政府的主体地位(如河南安阳),有些地区更注重农民集体的主导地位(如浙江湖州)。

　　第三,缺乏对农民权益保障的明确规定。对于收益分配中如何切实保障农民的权益大多没有作出具体的规定,导致在集体经济组织内部的流转收益分配中因没有相关的理论和实践依据,各地随意性和差别较大,农民权益得不到有效保障。

　　第四,各地对于土地流转及其收益分配缺乏规范的统一管理,乡村干部暗箱操作,不签订正规的流转合同,越俎代庖,农民缺乏知情权和决策参与权;地方政府对于土地流转后的用途监管、土地生态环境和耕地保护的权责不明等。

　　但是实践总是在不断的试错和尝试中得到修正而完善的。集体建设用地直接入市充分体现了产权主体的权利,从而改变了目前的集体建设用地征用制度中政府垄断而对农村经济组织和农民权益的强制剥夺和侵蚀,有利于形成公平公开公正的城乡土地市场竞争机制和价格形成机制。对于用地企业来说,通过使用集体土地的流转方式来满足经济发展的用地需要与采用国家征地方式获得土地使用权相比,不仅供地方式灵活(可以采用租地、转让、股份合作等多种方式)、手续较为简单(一般用地企业直接与土地流转方的村集体接触谈判,并由流转方代理用地企业办理各种申请审批手续,加快了工作进度,保证项目的及时开工),缩短了用地企业的建设周期(土地流转方对拟被流转的土地加强基础设施建设,一般都对工业用地做到"七通一平"甚至"九通一平",有些还建好标准厂房直接进行出租),用地成本较低(用地企业可以采用付年租金的方式获得土地使用权,与征地需要一次性支付土地出让金相比,可以大大节省企业的前期投入成本)。据我们对杭州余杭区星桥镇的调查,当地工业园区用地采用国家征地出让方式,企业一次性支付的用地成本为每亩 18 万～20 万元,而如果采取租地的形式,每亩地每年的租金为 4000～5000 元。对土地流转方来说,通过农村集体建设用地的流转,可以吸引大量工商业资本落户,加快农村工业化和城市化的进程,农村集体和农民可以凭借土地权利参与到工业化和城市化进程中,分享城市建设和经济发展的成果,而且还能有效减少国家利益的受损。目前集体建设用地使用权流转中大量存在的隐性流转和私下违规流转不仅查而不绝,禁而不止,执法监督成本很高,而且也导致了国家在集体土地使用权流转中的利益受损。因为集体建设用地的流转收益有很大一部分是由国家的基础设施投入而带来的,国家理应有权参与流转中的级差地租 II 的分配。可见,集体建设用地直接入市已是实践发展的客观需要。

3. 按照产权理论解读集体建设用地使用权直接入市具有的内在合理性

正如上述所分析的,我国现有土地管理相关法律自身的困境与现实的矛盾引发了理论界对其修改的呼声。但笔者认为,法律作为调节和规范社会关系的准则,其制定和修改的宗旨就在于既要适应实践发展的需要,更要符合各种社会关系内在的机理才具有调适的基础。土地征用及其由此引发的各种关系,说到底就是一种产权处置及相关主体的利益博弈。因此从产权理论的内在机理解读土地征用的现实困境,才能为立法及其修改提供理论的依据。

按照登姆塞茨的观点:"产权是界定人们如何受益及如何受损,因而谁必须向谁提供补偿以使他修正人们所采取的行动。"[①]钱忠好认为:土地产权是指由土地制度界定的并得到人们相互间认可的关于土地这一财产的权利的总和,与土地制度相对应,土地产权包括土地所有权、土地使用权、土地转让权、土地售卖权、土地收益权,等等。其中所有权是核心,其他权利都是由其派生并受其制约的。[②]"现代产权理论认为:一个产权的基本内容包括行动团体对资源的使用权与转让权,以及收入的享用权。"[③]我国《宪法》和《土地管理法》均规定:"中华人民共和国实行土地的社会主义公有制,即全民所有制和劳动群众集体所有制。"土地征用是土地所有权流转的一种方式,所有权一经转让也就意味着所有

---

① [美]R. 科斯、A. 阿尔钦、D. 诺斯等:《财产权利与制度变迁——产权学派与新制度学派译文集》,刘守英译,上海三联书店、上海人民出版社 1994 年版,第 97 页。

② 钱忠好:《中国农村土地制度变迁创新研究》,中国农业出版社 1999 年版。

③ Cheung, Steven N. S. The Structure of a Contract and the Theory of a Nonexclusive Resource. Journal of law and Economics, 1970, 13.

者对原所有物的控制权的丧失,而且这种权利的转让是一次性的,具有不可逆性。因此,"从理论上讲,集体建设用地与国有建设用地除了权利主体不同,其权能和性质是相同的,即不能因为主体的差异而改变了土地权能的含义。集体建设用地可以通过征收转为国有土地进入市场,集体建设用地也可以通过适当的程序流转直接进入市场。而这部分非国有建设用地的使用和流转,应通过规划和市场机制进行调整,不应通过设定条件进行限制"[①]。农村集体经济组织作为农村土地财产的所有者,只要在符合国家规划和土地用途管制的前提下,有权作为土地市场交易的一方,享有与国有土地所有者同样平等的市场交易地位。有权选择土地交易的方式并享有交易的收益。经规划批准后的不需通过征收方式而流转的集体建设用地使用权流转,其收益大部分应归村集体经济组织所有。国家可通过税费的方式参与一部分流转收益的分配,具体办法为:集体建设用地使用权转让和出租的,应当向土地行政主管部门申报价格,并依法缴纳有关税费。集体建设用地使用权在使用期限到期之前再次流转发生增值的,应当参照国有土地增值税征收标准,向市、县人民政府缴纳有关土地增值收益。原用地单位可获得按照其在土地使用年限内因自己投资所引致的价值增加部分。农民个人作为集体中的一员,对于集体建设用地使用权流转所获得的收益,可从经村民大会通过的集体收益分配方案中获得相应的份额。其收益分配顺序应是村集体经济组织(包含农民个体)>用地单位>地方政府。

5.3 完善现有集体建设用地流转及 收益分配的对策和建议

5.3.1 完善现有土地管理立法,创新我国集体土地征用制度

所谓土地征用或征收制度,是指国家政府因经济建设和社会发展需要,运用行政权力对属于它项权属的土地进行征收或征用并支付一定补偿的一项土地制度安排。国家作为全社会公共利益的代表和社会事务的组织者、管理者,有必要也有权力为了公共利益的需要依法对土地实行征收或征用并给予补偿。为此《土地管理法》第二条第三款规定:国家为了公共利益的需要,可以依法对土地实行征收或征用并给予补偿。但并没有明确公共利益的具体范围,从而导

---

① 吕萍、支晓娟:《集体建设用地流转影响效应及障碍因素分析》,《农业经济问题》2008 年第 2 期。

致现实中滥用公共利益而任意扩大征地范围和规模,损害农村集体和农民的利益。目前因农村集体土地征用而产生的种种矛盾和问题,征地中农民土地权利纠纷而引起的群体性上访事件,已经成为自 2002 至 2006 年以来中央政府在全国范围内逐步取消农业税,由农民负担问题引发的社会矛盾得到很大程度缓解后影响农村稳定的跃居首位的因素。理论界也一再提出要求修改现有的土地征用的相关法律。而我国现有农村集体土地征用的相关法律规定既受制于我国基本经济社会制度,又受不同时期土地使用制度的历史沿革影响。因此有必要从中国农村土地征收制度的历史变迁与农民土地权利、体制环境相关性的历史沿革及其效应的分析入手来分析我国现有土地征用相关法律的现实矛盾和困境。因为,"历史是重要的,如果我们不去追溯制度的渐进性演化过程,我们就无法理解今日的选择"①。

1. 土地征用制度的历史变革及其绩效评价

与不同发展阶段我国土地制度的沿革相适应,作为土地使用方式之一的征地制度也必然经历不同的历史变迁,并产生不同的效应。

"我国现有土地征用制度肇始于 1950 年中央人民政府政务院颁布的《铁路沿线留用土地办法》及《关于铁路留用地办法的几点解释》。之后,中央政府针对土地征用问题,又于 1953 年出台了《关于国家建设征用土地办法》,于 1958 年出台了《国家建设征用土地办法》,1982 年出台了《国家建设征用土地条例》以及 1986 年、1998 年出台了《土地管理法》等法律法规。我国的土地征用制度也随着这些文件的相继出台而逐步建立和不断完善。"②在传统体制下,当因国家工业化和城市建设需要而需征用农村集体所有的土地为城市和工矿建设用地时,大都是运用行政权力进行平调和划拨的。虽然 1953 年作为新中国最早颁布的《政务院关于国家建设征用土地办法》中也强调,对土地征用者的生产和生活要妥善的安置,要充分尊重和维护农民的土地权益。但受高度集权的计划经济体制影响,加之我国传统的观念、理论均认为,征地是农民或集体经济组织对国家应尽的义务。我国的征地政策正是基于农民利益与国家利益一致的认识来制定的。因此在这种"公"对"公"(由集体变为国有)的土地流转中,这种因财产权属变更而引起的权益的相应补偿自然会被颠覆在服从国家利益取向的单向的主张之下。农民个体或集体大多不会对政府是否给予补偿或补偿多少有

---

① [美]道格拉斯·C.诺斯:《制度、制度变迁与经济绩效》,刘瑞华译,上海三联书店 1994 年版,第 130 页。

② 陈利根、陈会广:《土地征用制度改革与创新:一个经济学分析框架》,《中国农村观察》2003 年第 6 期。

过多的要求。80 年代中期以后,随着城市土地有偿使用制度的推行,虽然改变了过去土地无偿划拨的使用方式,但当时农村集体土地的征用大多是为国有或集体单位使用,对于被征用土地的补偿都是通过就业安置的。受制于当时城乡户籍的严格对立和就业方式的单一性,被征地农民通过土地征用而能获得城市居民户籍和就业安置,对这样的补偿和安置方式(就是俗称的"农转非")自然不会有太多的不满和诉求。90 年代以后,随着社会主义市场经济体制的建立和发展,我国的社会结构、经济结构、人们的就业方式等方面都发生了很大的变化,因各种需要而征用集体土地的主体多元化,既有国有和集体单位,也有私营、民营企业和外资企业。土地的利用目的多样化,既有公共利益建设的需要,又有各种商业用途用地的需要,甚至各种类别的房地产开发用地。而征地补偿也大多采用货币化安置。按照《土地管理法》第四十七条规定:"征收土地的,按照被征收土地的原用途给予补偿。其中,征收耕地的补偿费用包括土地补偿费、安置补助费以及地上附着物和青苗的补偿费。每一个需要安置的农业人口的安置补助费标准,为该耕地被征收前三年平均年产值的四至六倍。"显然,在耕地主要被用于农业种养殖业的条件下,按照每亩地年产值 2000—3000 元计算,农民每亩地被征用后所能获得的补偿最多不会超过 20000 元。更何况在计算征用补偿时各地往往参照补偿标准的下限,再加之乡镇及村集体的层层截留而使农民获得的补偿偏低。而在现有的城乡二元体制下,土地承载着农民的就业、养老、医疗、抚老养幼等社会保障和生计功能。这样的补偿显然有失公平,这也是导致当前因征地问题而引发的农村各种矛盾的主要原因。可见,形成于我国计划经济时代的土地征用制度已经严重不适应改革开放和市场经济发展的当今现实,原有制度的效应被不断地消融,创新土地征用制度是实践发展的迫切需要。

2. 创新我国土地征用制度的基本思路

(1)严格区分公共利益和非公共利益的范围,防止土地征用权力的泛化

"土地征用权是政府在没有所有者同意的情况下,将财产用于公共目的的权力。"[①]体现了国家公权力的强制性。国家作为全社会利益的代表和宏观经济的调控者,有权制定土地利用的整体规划,严格限定土地的用途。只有当因公共利益的需要,才可以无条件征收(用)农村集体土地。征收(用)土地的补偿在以不降低原土地使用者的生活水平的前提下,按照土地的原用途进行补偿。对于公共利益的界定,笔者认为可在国务院 2010 年 12 月公布的《国有土地上房

[①] [美]雷利·巴洛维著:《土地资源经济学——不动产经济学》,谷树忠等译,北京农业大学出版社 1989 年版。

屋征收与拆迁补偿条例》(草案)所列举的公共利益的 7 种具体情况即"(一)国防设施建设的需要;(二)由政府组织实施的能源、交通、水利等基础设施建设的需要;(三)由政府组织实施的科技、教育、文化、卫生、体育、环境和资源保护、防灾减灾、文物保护、社会福利、市政公用等公共事业的需要;(四)为改善住房困难家庭居住条件,由政府组织实施的保障性安居工程建设的需要;(五)由政府依照城乡规划法有关规定组织实施的对危房集中、基础设施落后等地段进行旧城区改建的需要;(六)国家机关办公用房建设的需要;(七)法律、行政法规规定的其他公共利益的需要"的基础上,结合农村经济社会发展的实际做适当的补充和完善。

(2)区别被征收(用)土地的类型,并确定相应的补偿办法

当国家因公共利益的需要而需征收(用)农村集体土地时,其补偿的基础只能是该幅土地在当前用途下的市场价值,也即按土地的原用途进行补偿。集体土地通过征收(用)而发生的所有权流转,其流转收益大致来源于两个方面:一是集体土地本身的价值。这是由土地的自然禀赋决定的(包括土地的原有用途、土地的自然地理区位好坏和肥沃程度等)。二是土地用途的改变和利用强度的提高,即土地的发展权而导致的价值自然增值。随着人口增长和经济发展,土地供需矛盾必然造成土地资源的市场价值自然增值,这部分增值与土地所有者和土地使用者的投入无关,通过土地用途的改变和利用强度的提高使其价值得以实现。例如,将农用地改为其他用途的用地从而导致土地利用价值增值,或是因政府城市建设规划的变动和基础设施等的投资建设导致原来非规划区的土地价值增值。例如城郊结合部的集体土地,随着城市规划区的扩大及道路交通、通讯网络、商业和公用设施配套建设等导致这一地区的土地价值增值,使得这些地区的农民房屋市场交易价格的上涨、出租机会的增多和租金的提升等;或是因地质勘测、资源开采而导致的某一自然资源的聚集地及周边地区土地价值的升值。因此,国内也有学者把流转的集体建设用地的价值看作由两部分组成:土地所有权价值和土地发展权价值。而土地发展权价值就是属于土地的自然增值部分。[①] 土地的所有权价值可以理解为是土地的绝对地租和级差地租 I(因为,对于处在不同区位的同样面积大小的农村集体体土地的市场价值是有区别的),当集体土地被征用时(不管是否用于公共利益),这部分价值应该得到合理的补偿,理论界争论较多的是因土地的发展权而产生的土地自然增值收益的分配。

土地的发展权是对土地在利用上进行再发展的权利,即土地所有权人或使

---

① 周建春:《集体建设用地使用制度改革中的几个问题》,《中国土地科学》2003 年第 3 期。

用权人改变土地现有用途或者提高土地利用强度的权利。[①] 而土地用途的改变和利用强度的提高是通过编制土地利用规划得以实施的，土地利用规划是土地发展权的技术保障。土地发展权的物质构成是以规划为依据，规划创设了土地发展权。[②] 而土地利用规划的编制权限属于政府，因此政府通过编制土地利用规划而改变土地用途所形成的土地增值利益就构成了土地的发展收益。而经土地规划确定的土地用途的改变，既有因公共利益的需要也有因非公共利益的需要。对于因公共利益需要通过规划实行"分区控制"（是指政府将某一特定区域的土地限制为某一特定用途而限制土地开发）是政府行使警察权。警察权的行使是出于纯粹的公共利益目的，因而无需补偿限制土地发展的损失。[③] 因此，因公共利益需要而导致的土地价值增值（如农用地改为公共的商业用地），其本身是为全体社会成员所共享的，这部分的价值增值理应归属国家所有也即所谓的"涨价归公"。这也是对城市土地与农村土地两者都因公共利益需要而被征收应实行同地同权同价原则的体现。因此，"集体土地所有者要求的补偿只能限定于该幅土地在当前用途和利用强度下的土地收益"[④]。即按土地的原用途进行补偿而不能享有土地发展权带来的收益。任何个人和集体都应服从国家公共利益的需要。因公共利益需要的征地按土地的原用途补偿具有内在的合理性。但由于现实中征收（用）集体土地涉及不同的类型，对被征收土地的所有者和原使用者也会产生不同的影响，因此必须首先确定被征收土地的类型，从而才能合理确定按照被征收（用）土地的原用途进行补偿。当征收（用）的是农民的宅基地及房屋，其补偿标准应该是合法的被征收宅基地或拆迁房屋面积而确定的市场评估价，从而保障被征收人的财产保持其原有用途的价值。当被征收的是农民的承包田（地）时，其补偿标准应该包括以下几部分：一是地上附着物和青苗的补偿费，这部分补偿应该全部给被征收土地的原承包者。二是土地补偿费、安置补助费。其中安置补助费主要是用于被征收土地农民的生计需要，因此这部分补偿应该按照第二轮土地承包的剩余年限与该耕地被征收前三年平均年产值来确定，并适当考虑物价指数且按年发放直至承包期满。从而使农民承包土地的收益不因土地征用而减少，当然也不能因土地征用而使原土地

---

① 孙鹤汀、刘明明：《论土地发展权的地位》，《广西大学学报（哲学社会科学版）》2009 年第 8 期。

② 王群、王万茂：《土地发展权与土地利用规划》，《国土资源》2005 年第 10 期。

③ 黄祖辉、汪晖：《非公共利益性质的征地行为与土地发展补偿权》，《经济研究》2002 年第 5 期。

④ 黄祖辉、汪晖：《非公共利益性质的征地行为与土地发展补偿权》，《经济研究》2002 年第 5 期。

承包者获得额外的溢价,否则就是对其他土地承包者的不公平。因为在我国"土地对农民来说,除了用于农业经营之外,不是一种可以增值和用于投资的资产和生产要素。农民只拥有对土地的部分使用权和收益权,即农业种植以及由此产生的收益"①。土地补偿费是作为给土地所有者因放弃土地所有权而作出的补偿。因此,这部分补偿应该为集体经济组织所有。现有法律规定"征收耕地的土地补偿费,为该耕地被征收前三年平均年产值的六至十倍"。当被征收的是农村集体组织所拥有的其他土地,例如村中的一些废弃地、池塘、道路,甚至集体预留的林地、山地等可以参照征收耕地的补偿标准。集体经济组织应当建立征用土地补偿费专项账户,用于对耕地的开发以尽可能保证耕地面积不因土地征用而减少,以及给被征用土地农民适当的生活生产补助,以保障他们的基本生活。对于符合土地利用规划并经依法批准由农用地转用而来的增量建设用地使用权的流转,集体所得的流转收益首先要用于耕地的专项开发以保证耕地的占补平衡,其次要划出一块专项用于失地农民的社会保障。

对于非公共利益的土地发展权,集体土地所有者除享有绝对地租及部分因自然地理区位和土地肥沃程度等而带来的级差地租Ⅰ以外,还应该享有部分因土地用途改变或者城镇规划和国家基础设施投资及城市辐射作用而带来的土地发展权导致的级差地租Ⅱ的分配。"地方政府可通过税收享有基础设施建设所带来的级差地租Ⅱ和部分因规划区位差异产生的级差地租Ⅰ。"②国家通过税收参与集体土地发展权的收益分配,不仅体现了国家调控经济的功能和作为增加财政收入的途径,也便于国家在全社会范围内的利益调节。因为,土地的发展权是因限制土地发展而形成的。国家对土地使用实行分区限制开发(例如,为了保护生态将某一范围内的土地统统划入保护区而限制开发;在一些重点文物保护区范围内禁止土地开发;出于保护耕地和粮食安全的考虑,禁止将基本农田保护区内的农用地转为建设用地,等等)国家公权力对特定地域土地发展权的限制,已经构成了特别牺牲要件,所以应予补偿。③国家通过土地发展权税收的财政转移支付,给予被划限区域适当的经济补偿可以有效改变"保护区"保护不力的尴尬现状。具体的征税标准和依据可以借鉴城镇国有土地增值税采用超额累进的方式,但税率不宜高于国有土地增值税率。

根据《中华人民共和国土地增值税暂行条例》(1993年12月13日国务院发

① 刘荣材:《农村土地产权制度变迁模式选择的路径约束分析》,《农业经济》2007年第1期。

② 袁枫朝、燕新程:《集体建设用地流转之三方博弈分析》,《中国土地科学》2009年第2期。

③ 边泰明:《限制发展土地之补偿策略与财产权配置》,《土地经济年刊》,中国地政研究所(台湾)编印,1997年。

布),我国城市国有土地使用权转让的增值税标准如表 5-3 所示。

表 5-3　我国城市国有土地使用权转让的增值税标准

征税依据	税率
增值额未超过扣除项目金额 50% 的部分	30%
增值额超过扣除项目金额 50%、未超过 100% 的部分	40%
增值额超过扣除项目金额 100%、未超过 200% 的部分	50%
增值额超过扣除项目金额 200% 的部分	60%

(3)加强规划的制定和落实

"土地利用规划是土地开发(发展)的前提。"[1]也是确定土地用途的重要依据。任何单位对土地的利用都必须受制于国家对土地用途的管制和土地利用规划的制约。经过规划不仅使土地利用的物质形态和性质发生了变化,如土地的农业用途改为工业用途和商业用途,城郊集体土地规划为城市国有土地,而且也引起了土地权利当事人之间关系的变化。如各地的城乡结合部在城市规划扩大后通过撤村建居,使郊区农民变为城市居民。规划本身的科学性和合理性,不仅影响到对土地的有效利用,也影响到土地相关当事人的权利和利益。在我国目前的集体建设用地使用规划中,存在着盲目规划和规划实施中又不断突破规划,建设用地总量难以有效控制的状况。据黄庆杰等[2]对北京市的调查,北京市 2004 开展土地市场治理整顿时查明,北京市共有各类开发区(包括园区、工业大院)470 个,规划面积 131.4 万亩。由于布点过多,相互竞争,造成各开发区、工业大院普遍存在企业入驻率低、投资不足、土地闲置、基础设施建设滞后、厂房建设容积率低、土地利用效率低等问题。尽管在土地市场治理整顿中撤销了 442 个开发区,但是,大部分被撤销工业园区的建成区域仍在继续使用。分散的园区建设不仅加大了基础设施建设成本,而且难以形成合理的产业布局并实现集聚效应。据北京市规划委员会 2004 年对全市中心镇工业区情况的调查,入园企业个数平均为 43.4 家,每个企业就业人数为 77 人,规模较小。我国《土地管理法》第十八条规定:"下级土地利用总体规划应当依据上一级土地利用总体规划编制。各级地方人民政府编制的土地利用总体规划中的建设用地总量不得超过上一级土地利用总体规划确定的指标,耕地保有量不得低于

---

① 郭勇:《浅析土地发展权与土地利用规划》,《国土资源科技管理》2007 年第 6 期。

② 黄庆杰、王新:《农村集体建设用地流转的现状、问题与对策——以北京市为例》,《中国农村经济》2007 年第 1 期。

上一级土地利用总图规划确定的控制指标。"但是由于基层的规划和国土资源部门尚未将农村的集体建设用地纳入城市建设规划和土地利用年度利用计划，缺乏对农村集体建设用地有效的规划管理，村镇建设规划的编制工作严重滞后，许多地方的村镇都没有编制规划，特别是农村中的居民点布局分散，宅基地占地面积过大，土地利用率低，浪费严重。而一旦遇到城镇规划和国家重点项目建设需要征用农村集体土地时，对于大量的违规既成事实（如农民的超面积宅基地、私搭乱建的违章建筑等），往往带来征地拆迁中的众多矛盾和冲突。近几年发生在全国各地的几起影响较大的农民房屋征收拆迁案件，有很大部分就是因这方面的原因引起的。由于缺乏规划的指导和用地指标，导致违规项目不断出现，规划指标屡遭突破，建设用地总量指标难以控制，侵占耕地的现象屡禁不止。为此，必须提高规划的科学性和严肃性。在确保粮食安全和集约节约用地的原则下，加强土地利用的指导和督查，以节约利用土地，通过严格的规划来防止集体经济组织或农民私下违规流转从而不利于土地的整体利用规划控制和环境生态保护及新农村建设。流转的土地必须是已经被依法批准作为建设用地或者已经被依法批准转为建设用地的农地，不允许违反土地用途管制，擅自将农地进行流转。土地利用规划并经批准由农用地转用而来的增量建设用地使用权的流转，集体所得的流转收益首先要用于耕地的专项开发以保证耕地的占补平衡，其次要划出一块专项用于失地农民的社会保障。

5.3.2 健全基层执法监察网络建设，确保集体建设用地的依法规范流转

在完善现有集体建设用地流转相关立法的基础上，必须加强法制的监察和执行。由于我国幅员辽阔，地区差异大，违规用地的性质和规模各异。为此，必须加强基层的执法监察网络建设。建立乡镇土地管理所驻村监督联络员制度，定期下村检查和监督各村的建设用地流转情况，特别是集体建设用地流转最活跃的城郊结合部，力争把问题发现和控制在源头，同时要加大对于违规违法流转的查处力度。对于性质严重、涉及规模较大的违法违规建设用地流转应追究相关分管领导的行政责任，对于土地流转中的腐败行为应予严惩。加强规划、土管、审批等部门的工作配合和协调，为集体建设用地流转提供优质的服务。加强土地出让后的开发利用监管，实时公开开发商土地开发利用进度，防止屯地甚至炒地谋利的行为，以切实保障土地资源的节约合理利用。按照《土地管理法》的相关规定："使用土地的单位和个人必须严格按照土地利用总体规划确定的用途使用土地"；"涉及农用地转为建设用地的，应当办理农用地转用审批手续"；"国家实行占用耕地补偿制度。非农业建设经批准占用耕地的，按照'占

多少,垦多少'的原则,由占用耕地的单位负责开垦与所占用耕地的数量和质量相当的耕地;没有条件开垦或者开垦的耕地不符合要求的,应当按照省、自治区、直辖市的规定缴纳耕地开垦费,专款用于开垦新的耕地"。可见,国家法律对于农村集体建设用地使用权的流转有着严格的规定。当前对于实践中各地集体建设用地使用权流转存在的问题,重点就在于要严格依法办事,加强法律的执行力度。

5.3.3　加强农村基层组织建设,健全土地流转资金使用的监督和管理

随着集体土地进入土地一级市场交易以及一些地区特别是城郊结合部的集体经济组织通过土地的出租、建造厂房招商,与企业联营、入股等方式的土地运作,必然给集体组织带来庞大的土地收益。如何有效地监督和管理使用好这笔资金,防止内部人控制,确实是给基层组织建设提出了新的挑战。加之在许多地方,尤其是集体经济较为发达的东部沿海地区,很多基层组织人员交叉任职,例如某人既是村委班子成员,又是村集体经济公司的法人代表,甚至还是乡镇干部,如何监督和制衡当家人的行为,确保广大农民的利益,是集体土地资产化中的一个新问题。为此,必须建立一套土地流转及收益的使用制度。在集体建设用地的流转中实际上存在着两个层面的利益关系:一是用地单位与土地所有者——村集体组织的利益关系;二是村集体组织与农民的利益关系。在前一层关系中,凡是涉及村集体土地流转的,都应通过市场化运作,通过签订正规的合同,确立双方的权利和义务关系,杜绝部分基层干部拿集体的利益做人情交易,通过暗箱操作,私下流转,个人或小团体从中收受贿赂或回扣,从而使广大农民的利益受损。在第二层关系中,农民既是集体中的一员,又是土地的使用者,有权分享集体资产的收益,同时可获得放弃土地使用权的补偿。为此,集体土地流转的收益,首先必须用于对失地农民的补偿,特别是对失地农民的社会保障。可以参照当地城镇居民社会保障的标准,在土地流转收益中专门建立一笔失地农民的社会保障基金。改变目前征地补偿金一次性以货币形式发放给农民的做法,而应伴随农民的生命年轮细水长流,使他们在有生之年都能通过土地的收益而维系生计。同时要完善集体经济组织的内部治理结构,监督资金使用的方向,确保集体资金的保值和增值。

5.3.4　简要的总结

现有的农村集体建设用地流转存在着所有权流转和使用权流转两种类型。通过土地征用方式而使土地所有权发生流转,又存在着用于公共利益和非公共

利益目的和用途下的两种方式。对于用于公共利益目的下的集体土地征用,作为土地所有者的村集体组织所获得的流转收益只能限定于该幅土地在当前用途下的市场价值即按土地的原用途进行补偿。对于非公共利益目的下的集体土地征用,作为集体土地所有者的村集体经济组织应当作为参与土地市场交易的市场主体并享有交易的收益。当然这部分收益如同是销售产品所获得的收入,必须按照相关规定向政府缴纳税费。对于集体经济组织所获得的土地交易税后收入,还必须用于被征地农民的补偿。不管是农民的房屋被征收拆迁还是承包地被征收,其具体的补偿标准可由全体村民民主讨论合理确定。这样一方面可以避免目前的征地拆迁中被征地农民与政府的直接冲突(因为有些征地拆迁案例中所发生的冲突,也不乏个别被征地拆迁户的漫天要价或乘机捞一把);另一方面,经村民集体讨论后定下来的补偿标准作为一项村规民约,也容易被村民所接受,因为它体现了在制度面前人人平等。对于集体土地使用权的流转:一是要制定严格科学的规划,加强对土地用途的管制,防止农村集体土地大量非农化。二是要加强法制的监察和执行,加大对于违规违法流转的查处力度。

5.4 农村宅基地流转

农村宅基地虽然属于农村建设用地的范畴,但是由于农村宅基地和房屋作为农民重要的私人财产对其有着特殊重要的意义。特别是随着新农村建设和农村城镇化的发展,围绕着农民宅基地问题的理论研究和各地的实践创新也在不断推出。因此,本著作研究者认为有必要在研究农村集体建设用地流转问题后再将其作为单独的一节内容而加以专门的讨论。

5.4.1 现有农村宅基地使用权流转问题引起的争论

农村宅基地作为与房屋不可分割的部分,是指具有某一集体经济组织身份的公民在符合相关申请条件并依法批准专门用于建造房屋(住宅)及其附属设施的那部分集体土地。随着城市化工业化的发展,农民身份和职业分化的加速,现代交通工具的发达和人们生活观念的改变,农村宅基地在继续担当其使居者有其屋从而保障人们的基本生存需要的自然功能的同时,日益凸显其社会性功能即通过宅基地的流转实现资产置换和获取价值增值的收益。而基于我国现有法律对农村宅基地流转的相关约束性规定及实践发展的超前性,如何保证制度变迁的合理性和有效性,探索农村宅基地流转的政策调整和技术操作的可行性,成为了理论界和相关立法部门关注的重要问题。

1. 农村宅基地使用权流转的相关法律规定

我国的宅基地使用权制度伴随着土地制度的变革而变化。新中国建立以来,我国土地制度"大致经历了土地改革的初期、社会主义改造时期、高级农业合作社时期和家庭联产承包责任制的发展历程"[①]。从承认土地私有,允许土地买卖、租赁和典当到土地的集体所有,禁止买卖、租赁、抵押。农村宅基地作为农村集体土地的重要组成部分,也经历了类似的过程。自改革开放以来,在坚持农村土地集体所有制的前提之下,我国通过立法,进一步加强对宅基地使用权流转的管理。现有法律对农村宅基地使用权的管理,主要体现在以下几方面:

(1)宅基地使用权主体的固定性。农村宅基地使用权的主体只能是本集体经济组织成员,对于非集体经济组织成员,法律禁止其通过除法定继承以外的任何途径和方式取得宅基地使用权。《国务院关于深化改革严格土地管理的规定》(国发〔2004〕28 号)规定:"禁止城镇居民购买宅基地。"《国土资源部关于加强农村宅基地管理的意见》(国土资发〔2004〕234 号)规定:"严禁城镇居民在农村购买宅基地,严禁为城镇居民在农村购买和违法建造的住宅发放土地使用证。"可见,宅基地的使用对象和流转范围只限于同一集体经济组织内部。

(2)社会福利性和无期限性。农村宅基地作为农村居民用于建造自住住宅的集体建设用地,是无偿提供给农民的一种社会福利,以保障农民基本的生活条件。因此,其具有公共福利的基本特征:一是权益享受的有限性。《土地管理法》第六十二条规定:"农村村民一户只能有一处宅基地,宅基地的面积不得超过省、自治区、直辖市规定的面积。农村村民出卖出租房屋后再申请宅基地的,不予批准。"二是权益获取后的不可逆性。宅基地一经合法取得,其性质不会随申请人身份的变化而改变,即使原申请人已故,其取得的宅基地使用权仍可继承。因此,宅基地使用权是无期限的长期的权利。

2. 农村宅基地使用权流转的法律限制引起的争论

现有法律对农村宅基地使用权流转作出的种种规定和限制,与城市化、工业化进程中农村经济社会发展现实之间的矛盾和冲突,使得农村宅基地使用权的流转问题已经成为法学和经济学界热议的话题。有关这方面的争论主要有主张流转和反对流转两种对立的观点,而且各自都作了充分的理论分析和现实的比较。主张流转的观点其主要的理由归纳起来有:第一,以公平和效率为视角,认为"根据中国现有政策,城镇住宅用地可以流转,而农村宅基地流转受到

---

① 刘波、王干士:《农村宅基地使用权的法律问题研究》,《法治与社会》2007 年第 5 期。

严格限制,对具有相同使用目的和效用的国有土地和集体土地使用权在流转权上的区别对待,反映了相关政策对集体所有土地使用权的歧视和不平等。因此,禁止城镇居民到农村购置宅基地有违法律的平等原则"[1]。第二,宅基地作为农民的一项财产,属于农民的用益物权,禁止其自由流转和交易,等于是剥夺了农民的财产处置权。第三,不利于土地资源的节约和合理利用,造成农村大量宅基地和房屋的空置。第四,目前农村宅基地存在大量的隐性交易的现实,限制宅基地的自由交易不仅落后于社会现实,而且也给各种因宅基地的私下交易而引起的纠纷和权益保障埋下了隐患。而反对放开宅基地自由流转的理由归纳起来主要有:第一,宅基地属于农村集体所有,个人无权将其转让给集体组织以外的人使用。第二,"在中国四荒地不多而人口却不断增长的条件下,农村宅基地多是从农用土地分割出来"[2]。因此,宅基地的流转会增加占用耕地的压力。第三,住房和宅基地是农民安身立命的基本场所,一旦允许自由流转,农民会在急需用钱或举家外出打工时卖掉房子,而农民一旦无法继续在城市立足,就会失去最后的立足地而成为无家可归者,从而增加社会不稳定因素。第四,允许宅基地在农村居民和城镇居民之间交易,"在微观层面给村庄带来的问题,即破坏村庄伦理,加剧村庄内部的不平等"[3]。

5.4.2　对宅基地使用权流转问题理论争论的评析

1. 剖析农村宅基地流转供需双方的交易动机是分析问题的基础

以上两种对立的观点虽然都有一定的道理,也符合当今农村的现实。但是这种争论都忽略了隐藏在事物背后的实质和根源:第一,城镇居民购买农村宅基地的动因是什么? 第二,如何看待农村居民出售宅基地和房屋的内在要求的合理性和合规性。只有在厘清事物发生的内在原因的基础上才能探求事物存在的合理性和提出解决问题的具体措施和办法。综观我国目前宅基地和房屋交易的现实,首先,从农村宅基地流转的需求来看,吸引城镇居民到农村购买宅基地的最直接的原因就是城市和农村房价的巨大差价和农村土地供给的充裕(因为在城市由于土地资源的供给有限,那些富豪们哪怕出再多的钱,恐怕也买不到占地几亩甚至十几亩独门独院的土地)。而这种城乡之间房价的巨大差异,除了因地理区位的不同等自然原因而导致的市场评估价值即土地级差地租

---

[1] 诸培新、曲福田、孙卫东:《农村宅基地使用权流转的公平与效率分析》,《中国土地科学》2009 年第 5 期。

[2] 孟勤国:《物权法开禁农村宅基地交易之辩》,《法学评论》2005 年第 4 期。

[3] 陈柏峰:《农村宅基地限制交易的正当性》,《中国土地科学》2007 年第 4 期。

的不同以外,最根本的原因就在于农村宅基地的供给是无偿的。可以说,"廉价是买方冒着法律风险购买农村宅基地的根本动因"①。其次,从农村居民出卖宅基地的内在要求来看,无非是两种情况:一是拥有多套房产的农民。有些是通过非法的方式多占多建取得的,有些是通过合法继承取得的。二是那些已经常年无人居住的房子(比如,考上大学或外出经商已经举家在城市或外地立足的)。而对于那些只有唯一一处房产的普通农民来说,开放宅基地的自由流转,并不会出现农民将房屋一卖了之而成为无处安身的流民,继而引发社会问题。加之受传统观念的影响,除非真是到了万不得已的地步(或是因病因灾,或是家庭发生重大突发事故),农民是不会轻易变卖抵押房产的。更何况这种"万不得已"的情况并不仅仅会发生在农民家庭,城市居民也同样可能存在。因此,这显然不能成为禁止农村宅基地向城镇居民流转的理由。有学者认为,农村宅基地的自由流转,必然造成强势群体对农民利益的侵蚀。近几年,各地大量出现的违规超面积占用耕地建造的豪宅和在风景区建造的高档别墅就是最好的例证。而一旦开禁,就会使这些"既成事实"通过补办手续和补交罚金的方式由地下走向地上,由非法变为合法,也为隐藏在其中的腐败拆除了最后的一道"红线"。诚然,这些都是客观存在的事实,但是按照法律非禁止即可行的原则,法律在"禁止人们做什么"的同时也隐含了"可以做什么"。如果仅仅因为法律监管的缺失和执行不力而导致大量违规违法现象的存在,从而采用"一刀切"的禁令,那么原有法律也就失去了其立法的初衷和继续存在的必要性。因为我国法律和相关法规都对宅基地的占用面积和农用地转为非农建设用地作出了严格的限制和规定(此处不再赘述)。可见,这些存在的问题是相关法律监管缺失和执行不力的问题,并不是宅基地流转本身的问题,也不是仅仅靠采取不加区分的强制性"堵"的办法所能根本解决的。

2. 宅基地流转的可行性和现实必要性

(1)政策立法的可行性

首先,《中华人民共和国宪法》第十条规定:"城市市区的土地属于国家所有。农村和城市郊区的土地,除由法律规定属于国家所有的以外,属于农民集体所有。""任何组织或者个人不得侵占、买卖或者以其他方式非法转让土地。""土地的使用权按照法律的规定转让。"可见,不管是城市土地还是农村土地,土地使用权都是可以转让的。其次,《中华人民共和国宪法》规定:"国家保护公民的合法的收入、储蓄、房屋和其他合法财产的所有权。"《民法通则》第七十五条第一款规定:"房屋属于公民的个人财产范畴。"第七十一条规定:"财产所有权

---

① 孟勤国:《物权法开禁农村宅基地交易之辩》,《法学评论》2005年第4期。

是指所有权人依法对自己的财产享有占用、使用、收益和处分的权利。"其中的处分,包括出卖、互易、赠与等方式。因此,"农村宅基地是农民的一项财产,其使用权属于农民的物权,农民对于自己的宅基地应该有自由转让的权利"①。第三,《土地管理法》第六十二条第四款规定:"农村村民出卖出租房屋后再申请宅基地的,不予批准。"在此法律并没有禁止农民出卖自己的房屋,只是规定了其权益享受的限度。因而,"农民原则上可以出卖自己的房屋"②。

(2)农村宅基地流转的现实必要性

首先,从农村的现状来看,随着农村经济社会的发展,农民收入的增加和居住条件的改善,农村人口流动的加速和农民职业和身份的分化,农村出现了大量闲置的住房,有些地方甚至出现了大量的"空心村"。由于宅基地作为房屋的载体,对其流转的严格限制,使相当数量的农村房屋无法充分发挥其居住的效用,既违反物尽其用的原则,也严重影响村容村貌和新农村建设的进程,而且也不利于村庄的整体规划和土地资源的集约利用。

其次,从资产本身的属性来看,"物的价值不在于所有,而在于所用,只有在使用的过程中才能保值增值"③。农村房屋作为农民私人所有的一项财产,通过市场流转,将合法取得的多余或不用的房产作为融资的手段,从而满足农民生产生活的需要。

第三,从现实的市场需求来看,鉴于现今城市房价的居高不下和现代交通的发达,对于城市低收入人群来说,购买近郊农村的房屋也成为他们改善居住条件的首选。

5.4.3 农村宅基地流转的困境及对策选择

1. 农村宅基地流转的现实困境

综合以上的分析,我们有必要对农村宅基地流转问题作一个逻辑的归纳。这里,各因子之间的关系可以用图5-3来表示。

从图5-3可以看出,现在困扰农村宅基地流转的症结就在于:在房屋和土地作为两个所有权的客体,在分属于不同的所有者和两者具有不可分割的自然属性的情况下,如何解决地随房走或房随地走的问题。有学者提出,可以参照城

---

① 诸培新、曲福田、孙卫东:《农村宅基地使用权流转的公平与效率分析》,《中国土地科学》2009年第5期。

② 韩世远:《宅基地的立法问题——兼析物权法草案第十三章"宅基地使用权"》,《政治与法律》2005年第5期。

③ 乔新生:《"物权法"三审触碰中国体制改革核心难题》,[EB/OL](2005-07-03)[2009-09-02] http://biz.cn.yahoo.com/050703/16/axbr.html)。

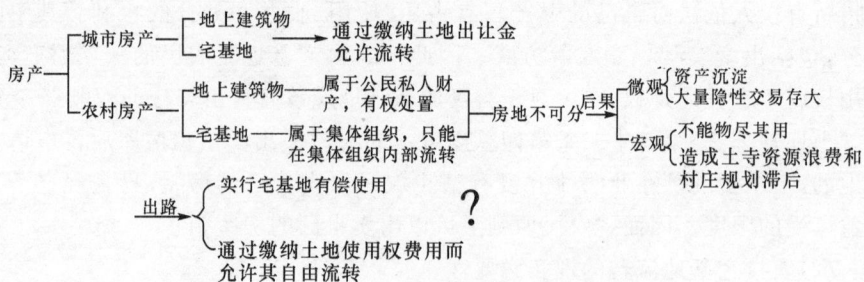

图 5-3　困扰农村宅基地流转的症结

市房产交易,对农村宅基地实行有偿使用制度。"通过宅基地的有偿使用,能集中一部分资金用于乡村发展中的公共设施和公益事业","可以运用价格手段调整用地,对村庄规划的实施起到一定的调节作用"。[①] 也有学者提出,当农村住宅或宅基地流转给城镇居民时,应当缴纳宅基地使用权费。笔者认为,鉴于我国目前经济社会发展的现实,在我国城乡二元分割的经济和社会体制还未从根本上改变的条件下,对于农村宅基地,现有的相关法律之所以仍然沿革了原有的"无偿、无期、无流动"的用地制度。其立法的初衷固然在于使广大农民在缺乏医疗、养老、就业等国家公共财政所提供的社会保障和福利的背景下,利用农村现存的土地资源而使其享受最基本的生存和福利保障。因此哪怕是 2007 年几经讨论和数易其稿受到广泛关注而出台的《物权法》,对此也仍然没有贸然突破原有的法律框架,而是通过"国家有关规定"这样较为模糊的表述,从而也为今后的立法修改预留了一定的空间。《物权法》第一百五十三条规定:"宅基地使用权的取得、行使和转让,适用土地管理法等法律和国家有关规定。"而在我国目前有关宅基地使用权的价值评估体系尚未建立,土地交易市场存在暴利,农业比较效益较低,加之农民固有的思想文化素质和法律认知水平下,如果采用缴纳宅基地使用权费的办法而放开宅基地流转,采用谁出高价就给谁,那么就必然出现大量的农耕地被以宅基地的名义而占用。农村集体组织也乐于进行"以地生财"的短期行为。目前各地城郊结合部出现的大量"小产权房"就是建筑承包商通过这种方式圈地建造的,不仅扰乱了国家非农建设用地市场的正常价格体系,而且还严重危及了农村耕地安全和损害了农民的利益。为此,中国国土资源部近日再次发出通知,"要求加快城市建设用地审批和土地征收实

[①] 赵之枫:《城市化背景下农村宅基地有偿使用和转让制度初探》,《农业经济问题》2001 年第 1 期。

施,严肃查处违反土地管理法律法规新建小产权房和高尔夫球场项目用地"①。

2. 农村宅基地流转的政策构想

(1)必须将农村宅基地使用权流转严格区分为存量流转和增量流转

农村宅基地使用权流转既有立法可行的依据,又有现实的内在要求。那么如何解决流转中的立法困境——农民私人房屋允许流转与土地公有禁止流转和房地一体原则之间的冲突,实践操作的困境——我国目前尚不具备农村宅基地有偿使用的社会条件,通过缴纳宅基地使用权费而允许其自由流转必然造成大量耕地被占用,农民利益最终受损。因此,笔者认为,要解决现有的两大困境,必须将农村宅基地使用权流转严格区分为存量流转和增量流转。所谓存量流转,一是指农民在依法申请到宅基地以后必须用于建造自住住宅,并且规定在两年内如果空置不建,村集体组织有权收回或转批给别的符合申请条件的农户。房屋建成后需住满五年或更长时间后才能上市流转并且流转后不得再申请宅基地。二是因合法继承或常年无人居住的房产的流转。对于这两类存量宅基地的流转,不管它的流转对象是城镇居民还是本集体组织内部成员,对村集体组织来说,并没有增加宅基地供应,当然也不影响其他成员的公平性,只是原有宅基地使用权主体的改变。对转让者来说,可以盘活自己的存量资产,发挥资产的最大效用。当然,政策关注的重点应该是对于流转收益的分配。因为农村宅基地是无偿提供给符合条件的村民享受的公共福利,就其设立的宗旨和方式而言,本就是为农民盖房,并非是让农民拿去卖,任何公民都没有利用公共福利来谋取个人额外收益的权利,否则就会破坏社会的伦理准则。因此当农民由于种种原因需要转让房产时,如果受让人是非集体经济组织成员时,就需要向村委会缴纳宅基地使用权出让金。房屋转让金归转让者所有,土地出让金可在集体组织和出让户之间按照一定的比例分配,其底线是使出让者愿意放弃应享有福利的机会成本和心理主观评价,否则就会产生"不占白不占,占了也白占"的心理,从而不利于宅基地的流转。同时,要按照相关规定缴纳房产转让的税金。

所谓宅基地的增量流转,是指新增的将用于建造住宅的农村集体土地的流转。对于这部分宅基地,应严格限制它的流转对象,只能是符合申请条件的集体组织的农民,任何非集体组织的城镇居民都无权取得农村宅基地用于建造房屋,更不允许将大片耕地转让给房产开发商,从而有效抑制有限的农村宅基地被乱占乱建和大量耕地被占用的势头。

---

① 《国土资源部关于严格建设用地管理,促进批而未用土地利用的通知》,[EB/OL].(2009-09-02)[2009-09-05] http://news.163.com/09⑩07/5I6JGTKK0001124J.html)。

（2）加强立法，完善农村宅基地法律制度体系

第一，加强对农村宅基地相关法律的宣传，提高村民的法律意识。县、乡、村各级组织都有义务，用生动活泼、农民喜闻乐见的方式宣传相关法律、法规，使村民家喻户晓，人人明白，树立按法律行事的观念。

第二，严格执行"一户一宅"制度，加大对宅基地使用违法违规的处理和惩罚力度，保障法律的严肃性和权威性。

第三，严格宅基地审批和公示制度，努力打造"阳光工程"。在宅基地审批时，应严格把握申请农户的资格条件，"严控增量土地特别是耕地，实行'五不批'制度：不符合建房申请条件、不符合土地利用总体规划和村镇建设规划、无土地利用年度计划、能用存量土地而占增量土地、能用非耕地而占耕地的一律坚决不批"①。全面实行公示制度，将全村年度用地指标、农户原有房地面积、拆旧建新情况、违法处罚等情况定期上墙公布，既有利于群众间的相互监督，也有利于有效抑制村干部的人情风和暗箱操作，从而增加信息的透明度。

第四，加强土地行政管理和执法部门的勘察检查制度，强化监督机制。农民在宅基地经审批后建造房屋，由于主客观的一些原因，往往会在原有审批面积和用途的基础上，想方设法突破原有的限制（包括面积、用途、楼层高度等），有时还因此引起邻里纠纷。特别是在一些城郊结合部和即将面临征地拆迁的地方，这些问题尤其突出。因此为了把问题控制和解决在源头，防止宅基地使用过程中的超规、超面积行为，杜绝事后的"以罚代批"，就要求有关土地管理和执法部门实行严格的"三到场"勘察检查制度。申报时到场放线定桩、在建中到场核查（如有问题当场制止和解决）、竣工后到场验收。当然由于受人员和条件限制，土地管理和执法部门做此项工作存在较大的工作强度和监督执法成本，为此需要充分发挥所在村村干部的力量，协助做好工作。

（3）建立合理的流转收益分配机制

对于存量宅基地流转的收益，应该在国家、村集体、流出户之间进行合理的分配。国家主要以税费的形式参与农村宅基地流转的收益分配。其收益分配的顺序应该是存量宅基地（包括地上建筑物）的原使用者＞村集体＞国家。对于村集体所得的部分，应建立专户资金，主要用于农村土地复垦返耕、农村建设用地整理和农田基本建设和保护等。

（4）做好农村宅基地使用权的登记和发证工作

宅基地使用权的登记和发证工作，是明晰权益归属，保障农民合法利益和查处违规违法行为的基础性工作。为此必须做好宅基地使用权的初始登记和

---

① 陈炜、邱祥云：《当前农村宅基地使用管理的对策与措施》，《国土资源》2004 年第 10 期。

有关变更注销登记,对合法拥有的房产发放房产证,规范农村宅基地的管理,健全农村宅基地的建档和归档工作。

(5)加强村庄规划,提高农村建房土地的利用效率

按照新农村建设的要求,对于城镇规划区范围内的村庄,可实行村庄改造和小城镇建设相结合。对于一些地处山区、交通不便、相对分散、人口较少的小自然村可以实行整体搬迁,在搞好土地统筹调整、不跨行政区域的前提下由所在乡镇出面,将若干个小自然村集并成中心村并做好农居点的改造。对于农村中大量出现的"空心村",可由村委会牵头,实行拆旧补新,集中规划,并做好原宅基地的重新利用或集中复耕。逐步改变农村单门独户的宅院式建房和居住习惯,可考虑采用将农村住宅与商业性用房综合的建房模式,在一些经济相对发达、人口较为集中的中心村,可由村集体集中建造上宅下店式的农村"小康楼",然后将住宅出售给符合建房申请条件的农户,将底层的商业用房用于招商出租。这样既有利于节约建房占地面积,提高土地容积率和利用效率,又有利于增加集体经济收入和活跃当地商贸经济。同时,村集体也需要做好相关的综合配套和卫生环保等工作。这方面,浙江嘉兴南湖区等地方已经具有一整套比较成功的经验,可以供各地推广实行,并可因地制宜,加以完善。

5.4.4　简要的结论

农村宅基地流转是农村经济社会发展的内在要求和提高土地资源利用效率的客观需要。规范农村宅基地流转,破除现有的立法困境和实践操作的困境,关键在于要严格区分农村宅基地存量流转和增量流转。对于存量宅基地应允许其自由流转,而对于增量流转,应严格限定其流转对象和规模。同时要加强法律的监管和执行力度,加大对违法违规的查处力度,确保农村宅基地流转走上规范有序的轨道。

6 农村未用地的流转

6.1 农村未用地(四荒地)及其流转

目前,农村中的未用地一般是指属于村集体经济组织或国家所有的荒山、荒沟、荒滩、荒水等未利用的土地(以下简称"四荒地")。由于自然和历史的原因,我国不少地区大量存在的"四荒地"一直未能得到很好的治理和开发,未能物尽其用。而这些"四荒地"又大多集中在经济较为贫困落后的西部和山区。据中国科学院综合考察委员会研究,我国适宜于农作、人工牧草和经济林木的后备耕地资源约有 0.3 亿公顷,其中约有 0.17 亿公顷分布在牧区,宜开垦作为人工饲料基地,约有 400 万公顷分布在我国南方山丘地区,主要作为果木和经济林木用地,余下的 0.14 亿公顷则可作为耕地垦殖。另外还有大量的"四荒"分布在山区,而贫困地区、贫困人口集中分布在山区。据统计,国家"八七扶贫攻坚计划"确定的 592 个国家级贫困县有 496 个县分布在山区,占贫困县总数的 84%,我国少数民族 90% 以上分布在山区,在全国 5 个自治区、30 多个少数民族自治州中区,在山区,占贫困县总数的 84%,我国少数民族 90% 以上分布在山区,在全国 5 个自治区、30 多个少数民族自治州中属于国定贫困县 250 多个,多处在边远山区。可以说,我国农村脱贫致富的重点和难点在山区,而山区最丰富的最有开发潜力的资源是"四荒"资源,山区脱贫必须依靠合理开发利用四荒地。[1]

"四荒地"治理开发的实践源于对黄河泥沙和对水土流失的治理。[2] 自古以来,为治理黄河泥沙问题,人们都作出了极大的努力。新中国成立以后,以水土

---

① 刘志文、石胜璋:《"四荒"资源流转开发与扶贫开发》,《农业经济问题》1999 年第 2 期。

② 白华伟:《四荒地智力开发研究——以吕梁地区为例》,山西农业大学硕士毕业论文,2001 年 6 月。

保持为中心的黄土高原综合治理开始了一个新的时期。在新中国成立之始,水利部就着手组织并开始对黄河及其支流进行了大规模的勘察工作,接着,中国科学院又组织了黄河中游水土保持综合考察队进行了为期几年的大规模的多学科考察,并在若干地区进行了水土保持规划和区域规划。一些研究机构通过多年的治理实践,在水土保持方面总结出了一整套行之有效的防蚀措施,概括起来就是生物技术措施、工程措施和农业耕作措施。这些措施对有效控制水土流失发挥了重要作用。特别是生物技术措施和农业耕作措施,通过对"四荒地"进行植被建设,即对乔灌木及草地的种植与改良。对耕地是通过修建梯田和塘坝等措施有效提高了土地的经济价值和生态价值。但是在这种"集体所有、集体治理、集体管护"的模式下,采用大兵团作战的方式,投入大量人力、物力、财力,在取得一定治理效果的情况下,也存在着诸如管护成本过高、利益激励机制缺失、产权不明等给集体经济组织带来很大负担和成效递减等问题。因此,随着农村家庭联产承包经营责任制的推行,在山西的吕梁地区,出于农民自发的需求诱致性制度变迁,早在 1982 年,就出现了农民把农业生产的家庭联产承包责任制经营形式引入"四荒地"的治理开发,推行了以户承包小流域的成功做法,一改过去集体"大兵团作战"下管、治、用分割,责权利不明的弊端,户包治理小流域实现了农户责、权、利和管、治、用的统一。但是由于"四荒地"的开发和治理与一般的农地经营有着显著的区别,其前期的资金和人力投入较大,投入产出的滞后期很长,在资源利用和产权保护上存在着极大的外部性,简单地套用农地的承包经营方式很难解决农民的权属感和稳定感。加之在农村第二轮土地承包之前,各地集体经济组织以各种名义频繁调整土地,甚至单方面违约毁约,毁林毁草,使承包户的利益得不到切实的保障。因此,不少地方出现农民包而不治,治而不管,短期行为明显。为此,进入 90 年代以后,"拍卖"这种新的土地流转方式逐渐成为各地"四荒地"开发和利用的制度创新。现行的"四荒地"拍卖,从其运行的实践来看,实质上并不是拍卖,而是"四荒"租赁,即集体经济组织以一定的条件将其所有的"四荒"长期交由其成员或其他组织和个人使用(为便于与农村其他集体土地流转方式相区分,本书中我们仍将其称为拍卖)。① 与承包制相比,"四荒地"的拍卖显示了明显的制度创新绩效。(1)在土地使用的对象上,打破了所有制和社区地域的限制,实现了开发主体的多元化和社会化。农村集体经济组织成员、企事业单位、社会团体、外商和其他经济主体等都可以通过拍卖参与"四荒地"的治理和开发,参拍的对象也不局限于本集体经济组织或社区范围内的成员,而是面向社会公开拍卖。而且由于突破了参

---

① 李生:《"四荒"使用权拍卖中的法律问题》,《农业经济问题》1995 年第 4 期。

拍对象的限制,从而有效地解决了承包制下分户治理面临的单个农户在资金投入、劳力等方面的局限而不能进行大面积承包的缺陷。在购荒的形式上出现了根据具体情况的独户购荒、联户购荒、集体购荒分户治理和企事业单位购荒等多种灵活的方式。(2)在资源配置和价格的形成机制上,充分发挥市场机制的作用。"四荒地"作为一种尚未得到开发或充分开发利用的增量土地资源,由于其初始投入较大,多数农民并未将其看做是资产,因此与作为已经得到开发和利用的存量土地资源,承担着农民的经济功能和社会保障功能的耕地的配置更多地采用行政手段按社区内的人口均分所不同的是,其配置更多地运用市场手段,按照效率优先兼顾公平的原则,实现资源的优化配置,通过拍卖竞标,公平竞争形成合理的市场价格。(3)在产权的归属和利益的激励机制上,采用"谁购买、谁治理、谁收益"的原则,并允许在使用期内的再次转让、转租、互换、抵押、继承和赠与等多种流转方式。使用期限大多采用超过50年的超长期限,有些甚至长达100年,有利于购荒户作长期的投资,使其有着较为稳定的收益预期。

近年来,为了改善生态环境和加快社会经济发展,许多地方政府都在积极开展退耕还林、退耕还草、退耕还湖等有利于改善生态环境工作的同时,农村中的"四荒地"也以各种不同的方式被经营和开发。这不仅有利于对土地的有效利用,盘活土地的价值,增加农民的土地资产收入,也有利于解决社会的就业。不少地方出现城市企业下岗职工到农村承包经营"四荒地"的,涌现了许多城市下工职工华丽转身变为"茶叶大王"、"养鸡大王"的现象。通过拍卖"四荒地"使用权,极大地调动了农民经营土地的积极性,也有利于引导社会资本积极参与到对农村资源的开发,带动当地经济的发展。2002年浙江新昌县农民张鑫磊承租了城南乡杨家山、田荷、潜溪等村荒山林地3000多亩、旱地100多亩,租期为100年,注册成立了七盘合一农业发展有限公司,开发建设七盘仙谷观光休闲旅游区。经过几年的开发和发展,景区完成了一、二期规划,现已发展成为集茶叶果蔬种植、家禽养殖、观光服务、旅游住宿等为一体的观光休闲旅游度假区,成为了浙江省林业观光示范园和浙江省特色农家乐示范点、绍兴市重点龙头企业、十佳森林观光园,通过了3A级服务质量等级景区验收。由于景区奇峰幽涧,植被丰富,风景秀丽,空气自然清爽怡人,不仅深受上海、江苏、杭州、宁波、温州等周边地区游客的青睐,而且还成为影视拍摄地,不仅扩大了影响,而且还为周边农民增加了另一条致富路,一些村民做起了群众演员,上了电视。同时,"四荒地"的开发也使我国的国土资源得到了充分利用,为实现耕地总量动态平衡提高了重要途径。特别是随着工业化和城市化的推进,各地建设用地指标都较为紧张。以浙江省为例,据《第一财金日报》2010 年 6 月 7 日报道,①浙江省 (2006—2020 年)期间,全省建设用地的增量规模不能超过 288 万亩(规划指标),但同时开发整理复垦补充耕地义务量不少于 235 万亩。目前,浙江的城乡建设用地规模已触及天花板。按照国家建设用地占补平衡的规定,建设用地确需占用耕地的,必须先行补充数量、质量相当的耕地。如果一个地区补充耕地潜力不足,那么建设用地就必然会从规模上受到限制。作为我国城市化和工业化速度最快的省份之一,"缺地问题"一直困扰着浙江的社会经济发展。为此,浙江从 2009 年开始组织实施 100 万亩造地保障工程,拟从开发低丘缓坡、滩涂围垦、农村建设用地复垦、挖掘土地整理潜力等四个方面入手,计划用 5 年时间在浙江新增耕地 112 万亩。整个造地投资高达 272 亿元,冀望在用地与保地之间找到平衡。为确保工程按计划实施,任务被逐级分解,并落实到具体项目、具体责任人,列入省级重点造地项目的,还可按新增耕地面积获得每亩 1500 元的补助。浙江的土地资源分为生态源头山地、低山丘陵和沿海围垦地区、水网平原和河口平原三类。低山丘陵和沿海围垦区域成为该省土地后备资源的重要发展区域,也是新增建设的主要区域。2009 年衢州新增耕地近 3 万亩,其中完成低丘缓坡综合开发利用项目 183 个,新增耕地 23000 亩。经初步测算,全市低丘缓坡资源中,适宜工业、城镇建设、新农村建设等非农建设的约 30 余万亩。低丘缓坡成为衢州、丽水等欠发达地区的一个优势资源,并在浙江省实施的"山海协作"战略中找到了出口。丽水、衢州等地挖山填沟后土地资源丰富,但缺少产业支撑,而杭州、宁波、温州等地紧缺的是土地。通过"土地换项目"的资源与产业合作协议,不仅有效地缓解了杭州、宁波、绍兴等经济发达地区城市建设、产业发展用地紧张矛盾,同时一大批企业的落户与投产,也为"山"上的衢州、丽水等经济相对落后的地区带来了高质量的腾飞力量。最近的一份协议显示,衢州将为绍兴在新一轮土地利用总体规划期间提供土地指标 3 万亩,绍兴则向衢州提供 5 亿元开发区基础设施建设等资金,并争取 3 年内推动绍兴企业到衢州投资 50 亿元以上。

但是,作为涉及农村土地产权制度和经营制度改革的新鲜事物,从其产生之日起,就面临着诸如相关法律规定的冲突和修改、与耕地资源利用的制度创新的衔接和协调、对国家土地资源管理和生态环境影响的后续评估、对地区经济社会发展和社区成员利益的长期影响等问题。因此需要在总结各地试验经验的基础上,发现存在的问题及其可能产生的影响,并采取相应的措施,以发挥制度创新的正向效应。

---

① 新闻频道:和讯网 http://news.hexun.com/2010-06-17/123982172.html。

6.2 "四荒地"流转中存在的问题及其原因

虽然,目前各地的"四荒地"使用权流转规模不断扩大,也出现了许多较为成功的例子。但是,由于一是"四荒地"本身的情况较为复杂,加之国家对"四荒地"使用权流转的相关法律的缺失,虽然《中华人民共和国农村土地承包法》第三条规定"不宜采取家庭承包方式的荒山、荒沟、荒丘、荒滩等农村土地,可以采取招标、拍卖、公开协商等方式承包",但并没有详细规定各种流转方式的适用情况及相应的程序。因此,在实践中也存在着一些问题。

一是择富弃贫。对于一些地理位置、条件好的"四荒地",村内外群众、有权势的村干部都想通过一些手段承包或者采取一些非法手段占为己有。目前我国各地兴起开发区热,相关政府也可以通过征收手段将条件好的"四荒地"变为国有用地。而差一点的、改造需要大投入的、地理条件较偏的则成为村集体经济组织的负担,许多村干部不愿在上面投入很多精力,这样变成为真正的荒地,有的地方污染企业甚至与村集体组织协商,将其变为排污地。

二是流转法律程序执行不严格。招标、拍卖、公开协商等方式承包是国家从法律上的硬性规定,各地区也出台了相关的条例和办法来规范指导流转程序,但这仅是少数。特别是在国家取消了"农业税"后,导致现在大多数村集体组织除了基本的运转费外,没有其他任何的收入来源,于是纷纷打起了土地的主意,将村内"四荒地"在没有经过村民代表、村民大会讨论的情况下随意卖给个体户或者以少量的承包费送给村民、村干部,这样导致其他村民不满,往往和其他不稳定因素交织在一起,成为群体性事件的导火索。村干部"一言堂",期限、地块、用途都由村委会的主要干部与买方共同商定,一无书面协议、二无土地经营权证,一旦村委会换届,新官不理旧账,承包方投入资本巨大,会落下个吃力不讨好、钱财两空的下场。有的村委会更是打起承包的幌子,"一女多嫁",先采取收取费用形式将"四荒地"流转给其他农户或者企业,然后再将此地承包给农户或者其他企业。

三是经营管理效益不明显。"四荒地"从本质而言属于宝贵的土地资源,特别是在土地资源日趋紧张的情况下,是一块高含金量的具有潜在开发价值而未发光的"金子"。而目前,大多数村集体经济组织特别是一些偏远地区,经济较为落后的地方,并没意识到土地资源匮乏的重要性,简单地一卖了之,或者以很低的费用一次性地发包给村民或者其他企业,这都是一种短视行为。更有甚者,许多污染毁损环境的行为都在各处的"四荒地"上发生,给当地的生态和老百姓的生活带来了严重的危害。

6.3 完善"四荒地"流转的对策机制

"四荒地"作为重要的后备土地资源,具有巨大的开发和综合利用价值。"四荒地"是一块有待开发的宝,利用好了,不仅可以给村集体经济带来客观的收益,从而改善当地公益设施,促进农村社会事业的发展,使老百姓享受到土地资产的收益,而且也有利于土地资源的有效开发利用,改善生态环境。为此必须进一步探索有效促进"四荒地"流转,加强"四荒地"流转管理的对策机制。

6.3.1 加强土地利用规划的制定,规范"四荒地"流转的相关程序

"四荒地"在租赁、承包、拍卖之前,发包方应本着经济效益、社会效益、生态效益相结合的原则,根据土地利用规划,制定"四荒地"租赁承包方案,经村民会议或村民代表会议讨论通过后,由镇人民政府审核批准,并报县级以上人民政府土地管理部门备案。方案应规定"四荒地"的规划用途、使用范围、承包期限、承包条件、承包方式等内容,并委托具有评估资质的机构或县级以上人民政府有关主管部门对拟租赁承包的"四荒地"价格进行评估,评估结果经发包方认可后,作为租赁承包的底价。租赁承包"四荒地",应采取拍卖、招标的方式进行。不具备拍卖、招标条件的,可采取协议方式进行。以拍卖方式租赁承包"四荒地"的,由发包方发出拍卖公告,负责向竞价者提供拟租赁承包"四荒地"的有关情况及承包条件等,按公告规定的拍卖时间,组织竞价者进行公开竞价。价高者获得"四荒地"的开发经营权。以招标方式租赁承包"四荒地"的,由发包方发出招标通告或招标通知书,负责向投标者提供拟租赁承包"四荒地"的有关情况及承包条件等,待投标者按规定投标后,组织有村民代表参加的评标小组,对有效标书进行评审,确定中标者。以协议方式租赁承包"四荒地"的,由有意承包者提出"四荒地"租赁承包申请;经村民会议或村民代表会议讨论后,由发包方确定承包者。租赁承包"四荒地"时,发包方应与承包方签订租赁承包合同。合同内容主要包括"四荒地"的四至位置、面积、用途、使用期限、承包金额及支付时间和方式、双方的权利和义务、合同终止时地上附着物处置方式、违约责任、合同生效条件及双方应约定的其他事项等。合同应经农业承包合同管理机关鉴证。

6.3.2 强化村民大会或者村民代表大会的作用

村民是村庄的主人,他们有权享有村级财产如何处置的知情权,有权发表

自己的看法。发包方将农村土地发包给本集体经济组织以外的单位或者个人承包,应当事先经本集体经济组织成员的村民会议三分之二以上成员或者三分之二以上村民代表的同意,并报乡(镇)人民政府批准。这是一个必经程序,现在好多村绕过了这一规定,在村民普遍不愿意的情况下,暗箱操作,非法流转"四荒地"。

6.3.3　强化法律程序与执法监督

先经过村民大会或者村民代表大会讨论通过,再报上级主管部门审批,后办证。乡(镇)人民政府或者县(区)级土地主管部门对于流转程序、流转内容应该加大审核力度,本人觉得涉及大宗面积"四荒地"的承包、拍卖、协商,政府主管部门有必要亲自到场核实面积、核对资料、调查民意,看看是否真正符合法律相关规定,一经发现其中存在违法行为,应不予通过审核,不予办证,并责令当事人恢复原状。对于已经经过相关程序办证的土地,后被群众举报经查实的非法流转"四荒地"的案件,要立即启动违法追究程序,追究相关人员的责任。

6.3.4　充分利用"四荒地",大力发展集体经济

荒山、荒沟、荒丘、荒滩等可以直接通过招标、拍卖、公开协商等方式实行承包经营,也可以将土地承包经营权折股分给本集体经济组织成员后,再实行承包经营或者股份合作经营。目前利用"四荒地",一种走农业途径,二是走工业途径。从农业途径上看,各地村集体经济组织可以充分利用自有的"四荒地",大力发展经济作物,种植适合当地气候条件的果树、茶树等,开办养殖场,兴建鱼塘等,这样村集体经济组织年年有收益。如果"四荒地"面积大,不分散,还可以创办村集体企业,形成规模化、规范化的经营模式。从工业途径上看,中西部地区农村可以借国家出台的优惠政策,利用东部产业转移的大好形势,以土地入股或者参股的模式引进东南沿海的中小企业,或者就地卧倒,出台优惠措施吸引村内或者乡内的优秀企业人才,有为青年、回乡创业大学生利用现有的"四荒地",发展县域经济成长急需的建材、食品生产加工、城建等小规模企业。不论通过农业途径还是工业途径,合理利用"四荒地"既可以充分地利用闲置资源,又可以增加就业、提升村民农产品的价值含量、壮大村集体经济势力,起到了"一箭多雕"的效应。

6.3.5　要提升村级干部综合业务水平,提高群众素质

针对各地农村处置"四荒地"过程中暴露出来的诸多问题,县(乡)两级政府应该加大村"三职"干部、后备干部的业务培训力度,特别是要认真学习《土地管

理法》、《农村土地承包法》、《森林法》等涉及"四荒地"处置的法律,搞清楚流转程序,明白违法的后果。同时对于投资"四荒地"的个人和企业,村民代表、村级干部应该硬起来,态度坚决,支持发展。对于破坏"四荒地"利用的"红眼病"村民应该在分清是非的基础上,应该加大教育说服力度,情节恶劣、屡教不改的村民,应该配合公检法机关,予以惩治。积极引导村内制富能人带领村内群众开展以生产为主的,与"四荒地"利用紧密相连的经济活动,让群众认识市场,知晓法律,壮大自我抵御市场风险、法律风险的能力。

7   主要研究结论和政策建议

　　基于以上对农村土地流转问题及相关问题的理论和实证研究,针对我国现有土地制度和农村土地流转的现实,我们得出了相关的研究结论,并旨在从宏观上提出框架性的政策建议。

7.1   主要的研究结论

　　第一,农村土地流转是经济社会发展到一定阶段的必然产物,是实现生产要素重新组合和资源综合利用的客观要求。土地流转在本质上就是一种生产要素的流动,而任何生产要素的流动总是在一定的制度环境约束下进行的。因此,研究农村土地流转问题必须考察相应的制度环境。我国社会主义初级阶段的基本经济制度是生产资料公有制为主体多种所有制经济共同发展。土地制度是受一个国家在一定社会和历史阶段基本经济制度制约的以土地的所有权为基础有关土地的使用、占有、转让、处分、收益等方面关系的制度安排。其中土地所有权体现了生产资料的所有制性质,是生产关系的基础。"根据制度变迁理论,一种合理的制度成为正式的安排后,在一定时期内制度的边际效用是递增的,但经过一段时间后,其边际效用很可能逐渐下降,这就需要继续进行制度的供给和变迁。"土地制度的变迁既可以通过所有权的变革,也可以在维持所有权不变的前提下通过土地使用及相关制度的变革来实现。制度变革的途径既有国家政治强力主导的自上而下的供给性变迁,也有随着经济社会发展而引致的社会团体自下而上的需求诱致性变迁。引起生产资料所有权变迁的大多是在国家政治强力(暴力和非暴力)主导下完成的。"中国内地土改形成的农民私有权,是社会政治运动直接重新分配土地产权的结果。因此在土改形成的农民个体私有制中已经包括了后来集体化共有的一切可能的形式,因为通过政治运动制造了所有权的国家,同样可以通过政治运动改变所有权。社会主义产权改革的根本问题,不是由国家确认某种所有权形式(哪怕是最纯粹的私有制),

而是首先界定国家在产权变革中的权力限度。在一个国家可以任意指定所有权和改变所有权合约而无须经由与社会协调的环境里,即使全盘照搬一个最有效的产权制度,也无助于长期经济增长。[1]国家要在多大程度上界定其在产权变革中的权力边界,取决于特定时期的政治目标。在我国社会主义初级阶段,在坚持走中国特色社会主义道路的基本政治目标下,维持生产资料的社会主义公有制的主体地位是社会主义初级阶段基本经济制度的核心内容。因此,现阶段土地所有权的变迁虽然存在着制度供给的约束,但是,按照现代产权理论,所有制和所有制的实现形式两者的关系并不是单向的,所有制的多种实现形式即生产资料采取不同的使用和生产组织形式,并一定要改变生产资料的所有制性质。土地流转制度是在维持土地所有制关系不变的前提下,适应经济社会发展阶段需要的土地使用制度及其相关关系的制度安排。因此无论是从产权理论的内在机理分析,还是通过对新中国成立后土地制度变迁的历史和现实考察,维持现有的土地集体所有制下的家庭承包经营责任制为基础的农村土地制度安排都有着内在的合理性。农村集体土地所有权制度并不是造成目前农村土地流转各种"异化现象"的根本原因。加强和完善现有土地流转的各项法规建设,才是促进和规范土地流转的关键。

第二,农村集体土地按照用途不同,可以分为农用地、农村集体建设用地和未用地。相应地,农村集体土地的流转也可以分为农用地的流转、农村集体建设用地的流转和未用地的流转。而不同性质和用途下的农村土地流转,无论是其流转的动因,还是流转的方式及其产生的影响、我国现有的相关法律规定及其现实的操作都存在着很大的区别。因此,研究农村土地流转问题必须将不同性质和用途下的农村土地流转分别加以研究,才能使研究更具针对性和现实性。

7.2 主要的政策建议

7.2.1 关于农用地(农村土地承包经营权)流转的政策建议

第一,完善现有的土地流转法规是促进和规范土地流转的关键。

法制是保障市场经济条件下各项交易行为有序运行的必要条件。对于农村土地流转中出现的各种"异化现象",固然有土地产权主体的"虚拟性"而在一定程度上影响流转效应的因素,但更重要的原因恰是在于对现有的相关法律法规的执行不力,或是现有法律法规存在漏洞和操作性不强的缺陷。例如对于农民承包地的流转,发包方和承包方双方的关系和行为是通过承包合同来规范和约束的。那么按照《合同法》的规定,作为土地所有者的发包方——农村集体组织有权在一定的条件下变更合同,但必须经承包方同意并支付一定的对价。为此,《中华人民共和国农村土地承包法》第三条规定:承包期内,发包方不得单方面解除合同,不得假借少数服从多数强迫承包方放弃或者变更承包经营权,不得以划分"口粮田"和"责任田"等为由收回承包地搞土地招标承包,不得将土地收回抵顶欠款。1999 年开始的第二轮土地承包合同将承包期限延长至 30 年,并且采取"增人不增地、减人不减地"的原则,也是为了在一定程度上杜绝村集体组织的随意行为。十七届三中全会通过的《中共中央关于推进农村改革发展若干重大问题的决定》更进一步提出,赋予农民更加充分而有保障的土地承包经营权,现有土地承包关系保持稳定并长久不变。又例如,《中华人民共和国土地管理法》第三十四条和第四十四条分别规定:"国家实行基本农田保护制度";"建设占用土地,涉及农用地转为建设用地的,应当办理农用地转用审批手续"。可见,农村集体组织在承包期内随意调整土地,随意改变土地的承包关系,强行将农户的承包地长时间、大面积转租给企业经营,借土地流转之名,将农地改变为非农用途等都是一种违法的行为。因此,为了促进和完善农村土地流转,一方面要加强对土地流转相关法律法规的宣传和执行力度,加大对各种违法违规行为的处罚力度;另一方面国家必须修改和出台相关的法律法规和实施细则,使现实的各种土地流转模式和权益保障机制有法可依并具可操作性。

第二,加强土地流转的市场机制建设是完善土地流转的外部条件。

市场是实现要素流动和交易的基本场所。市场机制是指各个经济主体在市场交易过程中根据价格、竞争等各种关系适时地调整自己的行为,并进而影响市场均衡,旨在达到资源配置效率最优化的一整套运行的机理和规则。交易费用是市场机制运行的成本,其高低取决于市场组织的完善程度和市场交易主体获取交易信息的费用。因此要有效促进农村土地承包经营权的流转,必须建立农村土地交易的流转中心,积极培育土地流转市场和中介服务组织,提供及时准确的交易信息服务,降低交易成本。定期发布土地市场的指导价格,为土地要素的合理流转价格提供基本的参考。目前各地农村基层(主要在乡镇一级)大都建立了农村土地流转"有形市场",由政府投资,建立土地交易大厅,通过农村信息员采集农民土地流转信息,汇集到交易中心,通过交易系统统一发布有关的信息,集中统一交易,统一签订合同,从而使农村土地流转进入有序、公开、规范、快捷的轨道。

第三,必须做好农村土地流转的社会化服务,健全农村的社会保障体系。

土地流转能否顺利开展,最终要取决于流转双方的流转意愿。而农户参与土地流转的意愿,从经济学上的意义而言,就在于对土地经营的比较收益的考量。虽然，随着农村二、三产业的发展和城镇化、工业化的推进，农民收入来源多元化，来源于土地经营的收入在农民全部收入中所占的比重下降，农民对于土地的依赖性降低，尤其是在经济较为发达的地区更为明显。但是，在我国城乡二元的经济和社会体制在总体上还未根本解决的背景下，土地仍然是农民重要的生存依托。特别是在经济相对落后的贫困地区，土地经营收入仍然是构成农户家庭收入的主要来源，土地承载着农民的各项社会保障功能。因此，农村土地流转，从土地流出方来说，社会保障体系的健全与否，农业替代性产业的发展和稳定性都会影响农民参与土地流转的意愿和行为。为此，必须加快建立和完善城乡统筹机制，使农民摆脱对土地的过分和单纯依附，为促进农村土地流转提供必要的资源供给。对土地流入户来说，虽然近年来，各地工商资本、大型农业企业、各种农业种养大户和专业户纷纷通过土地流转参与农业的产业化和规模化经营，不仅促进了我国农业产业结构的转型升级，提高了农业经营的效益，增加了农民的收入，也对当地的经济和社会发展带来了重要的影响。但是，由于农业生产相比于其他产业，不仅生产周期长，投资回收慢，而且受自然因素和自然因素的影响较大，投入产出不稳定，市场风险和自然风险都较大，属于弱质产业，为此，需要国家政府提供一定的金融、税收、农业保险和自然灾害政府补偿、用地等方面的社会化服务扶持。国家政府应加大对农业基础设施投入和农业技术研究创新在政策、资金等方面的扶持力度，增强农业生产抵御自然灾害的能力。走科技兴农的发展道路，使农业综合效益的提高最终建立在依靠科技创新的基础之上。要加快对农产品的育种、储运、保鲜、深加工等方面技术的创新和运用，提高农产品的科技含量和附加价值，并不断满足人们消费升级的需要。

第四，必须因地制宜，循序渐进，坚持依法、有偿、自愿的原则，充分尊重和保护农民的意愿和利益。

由于我国地域辽阔，各地农村的自然、经济、社会、传统习俗和农民的文化水平、思想观念等均存在着较大的差异，从而使农村土地流转表现出很大的地域差异性和个案的多样性、复杂性。而农村土地流转不仅事关农民的切身利益，也关系到当地的经济社会发展。因此，农村土地流转必须因地制宜，循序渐进，充分考虑各地土地流转的客观条件，尊重农民的主观意愿，依法保障农民的利益。同时，要积极做好农村土地流转的相关政策和法律法规的宣传工作，让农民明白"明确所有权、稳定承包权、放活经营权"是我国农村土地流转的一条基本原则，消除农民对土地参与流转后的种种疑虑。

7.2.2　关于农村集体建设用地流转的对策建议

第一，确立农村集体土地产权主体的法律地位。

虽然,理论界普遍认为,在我国现有的农村土地集体所有的制度下,农村集体土地的所有权主体究竟是谁,现有的相关法律规定存在着解释不清或自相矛盾的困境,从而使得在实践的操作中对集体土地财产主体的角色定位和责、权、利界定及约束难以清晰和规范,并由此导致集体土地财产的收益因脱离市场机制而成为各种行政权力侵蚀的对象。但是,通过考察我国农村土地所有权制度变迁的历史和现实,事实上,我国现有的农村集体土地产权存在着两个层面上的关系:一是在农用地(农村承包地)的层面上,作为土地所有者的"农村集体"与土地使用者或承包者之间的关系;二是在建设用地的层面上,作为集体土地所有者代表的"农村集体"与作为国有土地所有者代表的各级政府之间的关系。在尊重村委会作为集体土地所有者代表的事实体制下,第一个层面的产权关系是清晰的,即土地的所有权属于村集体,土地的使用权(承包权)属于农民,土地的处置权(通过土地流转)和收益权也属于农民。因此处理好第一个层面的关系就是要在保持"农村集体"这一土地终极所有者所有权"虚拟性"的前提下给农民更大的土地处置权和收益权,防止村集体借假借各种名义随意收回和调整农民的土地承包经营权,不尊重农民的意愿而强行进行土地的流转等行为。在现有的集体土地征用制度下,第二个层面的集体土地所有者产权主体地位是残缺的。因此,解决的办法就是要改革现有的集体土地征用制度,在符合国家土地利用总体规划和用途管制的前提下,使农村集体土地的所有者代表享有与城市国有土地所有者代表同样的市场主体法律地位,建立城乡一体化的建设用地流转市场,真正实现城乡土地市场的"同地"、"同权"和"同价"。

第二,规范集体建设用地流转的利益补偿机制。

任何物权,在除赠与和继承以外的转让中,都应得到相应的公平利益补偿,这是市场交换的基本法则。农村集体建设用地的流转是集体土地这一物权在不同所有者和使用者之间的转让,因此,转让者理应从受让者中获得相应的利益补偿。但是,由于物权转让的目的不同,其所获得的利益补偿也有区别。用于公共利益目的的物权转让,是国家政府出于宏观调控和增进全体社会成员福利的需要和目的,通过征收或征用而实现的行为,具有强制性和公益性。非公共利益的物权转让,是转让双方基于平等自愿条件下,按照市场机制和供求规律而作出的行为,利益的补偿取决于双方对物权转让价格的意思表示的一致性。而在我国现有的相关法律规定中,农村集体建设用地这一物权的所有者被强行地隔绝于市场之外,集体建设用地的流转通过土地征用这种唯一的方式使其利益补偿成了脱离市场的单纯的行政行为,这是造成目前集体建设用地流转中出现的各种矛盾和问题的根源。为此,必须改革目前的集体土地征用制度,严格区分公共利益和非公共利益。因公共利益而征用的集体建设用地,其补偿的标准就是按土地的原用途进行,其中安置补助费、地上附着物和青苗补偿费应归被征地农民所有,其标准是以不降低被征地农民原生活水平为原则。改变目前征地补偿款一次性货币化发放的方式,建立与被征地农民生命年轮相适应的补偿费发放办法以保证失地农民的生活稳定。对于非公共利益的集体建设用地流转的收益,应该视同农村土地所有者在土地交易市场上出售"商品"所获得的收入,在按规定向政府缴纳相关的税费后作为集体资产的收益,这部分收益的分配权应该划归村集体,由村民民主讨论决定。建立健全集体土地资产转让收入的民主管理和监督体系,建立第三方独立审计制度,确保集体资产的保值和增值。

第三,必须正视农村宅基地流转的现实和特点,制定相应的流转政策。

农村宅基地流转既是农村经济社会发展的必然结果,也是资产保值增值的内在要求。要严格区分农村宅基地存量流转和增量流转。对于存量宅基地应允许其自由流转,而对于增量流转,应严格限定其流转对象和规模。同时要加强法律的监管和执行力度,加大对违法违规的查处力度,确保农村宅基地流转走上规范有序的轨道。

7.2.3 关于"四荒地"流转的对策建议

第一,要充分认识"四荒地"的土地价值。

随着土地供需矛盾的日益突出,如何进一步挖掘土地供给的潜力,更好地发挥土地资产的功能,日益成为经济社会发展中的一个重要问题。我国土地面积辽阔,由于自然和历史的原因,长期以来,各地大量存在的"四荒地"都没有得到很好的利用和开发。随着经济和社会的发展,"四荒地"日益显示出其巨大的潜在价值,必须予以充分地认识和重视。为此,要积极做好各地"四荒地"资源的调查摸底和确权工作,为"四荒地"的适应性开发和利用提供基本的依据,宜山则山,宜林则林,真正做到物尽其用。同时,通过"四荒地"的确权,不仅有利于明确"四荒地"流转中的权利主体,并使其享受相关的流转收益分配,也有利于加强对"四荒地"流转的有效监督和管理。

第二,在对"四荒地"的利用上,要兼顾经济效益、社会效益和生态效益的统一。

特别是一些荒山荒坡,大多处在一些偏远的山区,对当地的植被、气候等都有着重要的影响。因此,在"四荒地"的流转中,要防止对其的过度开发和利用,从而破坏当地的生态环境。"四荒地"在租赁、承包、拍卖之前,发包方应本着经济效益、社会效益、生态效益相结合的原则,根据土地利用规划,制定"四荒地"租赁承包方案,严格规定"四荒地"的规划用途、使用范围、承包期限、承包条件、承包方式等内容。

第三,创新"四荒地"流转的方式和机制。

"四荒地"作为一种尚未得到开发或充分开发利用的增量土地资源,与已经得到开发和长期利用的耕地按照人口均分不同,其流转更多地引入市场机制,根据"四荒地"的不同类型和各地经济社会发展的现实,采用承包、拍卖、租赁、入股等多种流转方式,规范流转的程序,加强流转的后续监管。

7.3 研究中存在的不足及未来研究展望

由于农村集体土地流转问题既涉及政府、农村集体经济组织、农民、土地使用者等各主体之间的经济利益问题,也涉及我国特定社会制度和经济体制下的社会关系问题,并且还由于我国体制转轨的历史承接性导致的立法滞后与现实超前的冲突、人们对土地的价值认同差异和观念习俗的固化等方面的原因,使得土地流转问题本身就是一个复杂的研究课题,加之我国国土辽阔,自然和经济社会发展的地区差异大,使本课题的研究缺乏从法学、经济学、社会学等多学科综合的视角来深层次地挖掘集体土地流转的问题。特别是受条件的限制,实地调研地区主要集中在浙江省内,虽然也选择了具有不同自然条件和经济发展水平的地区作为调研的样本,并通过从个别到一般从中提炼出普遍的带规律性的结论。但由于农村土地流转及其引致的相关问题,不仅受其所在地区自然经济等因素的影响,甚至与地方政府的政策导向、当地人们的历史传统价值观念等有关,必然使土地流转具有鲜明的地域特色,因此导致本课题研究涉及的面的广度上存在一定的局限和不足。在研究的方法上,虽然进行了大量的实地调研和问卷调查,但是由于研究者在相关知识和能力方面的欠缺,缺乏对所获数据的数理统计和分析,未能通过建立相关的数理模型进行量的验证,而主要根据调查所获的情况侧重于面上的定性分析,从而使研究结论未能更好地建立在定性与定量相互验证的基础之上。有关农村土地流转的对策建议,重在从宏观的定性层面的立意和解读,缺乏从微观层面的量的具体剖析和比较。这些不足都将是后续研究中需要重点关注和改进的方面。此外,本课题的研究在关于如何协调好集体土地流转不得改变土地的农业用途与提高单位土地的收益和增加农民收入之间的矛盾(因为农业是弱势产业,尤其是种植业,其自然风险、市场风险等均较大),以及如何处理好土地流转与保障粮食安全之间的关系等方面也尚需做进一步的研究。

主要参考文献

一、著作类

1. 马克思恩格斯选集. 北京:人民出版社,1972.

2. 马克思恩格斯全集. 北京:人民出版社,1972.

3. 马克思. 资本论. 北京:人民出版社,1975.

4. 孟勤国. 中国农村土地流转问题研究. 北京:法律出版社,2008.

5. 钱忠好. 中国农村土地制度变迁和创新研究. 北京:中国农业出版社,1999.

6. 张红宇. 中国农村的土地制度变迁. 北京:中国农业出版社,2002.

7. 毕宝德. 土地经济学. 北京:中国人民大学大学出版社,2001.

8. [美]R. 科斯,A. 阿尔钦,D. 诺斯等著. 财产权利与制度变迁——产权学派与新制度学派译文集. 刘守英译. 上海:上海三联书店、上海人民出版社,1994.

9. 徐勇. 非均衡的中国政治:城市与乡村比较. 北京:中国广播电视出版社,1992.

10. [印度]苏不拉塔·加塔克,肯·英格森特著. 农业与经济发展. 吴伟东,韩俊,李发荣译. 北京:华夏出版社,1987.

11. [美]道格拉斯·C. 诺斯著. 制度、制度变迁与经济绩效. 刘瑞华译. 上海:上海三联书店,1994.

12. [美]道格拉斯·C. 诺斯著. 经济史中的结构与变迁. 陈郁,罗华平译. 上海:上海三联书店、上海人民出版社,1994.

13. [美]Y. 巴泽尔. 产权的经济学. 上海:上海三联书店,1997.

14. [美]詹姆斯·M. 布坎南. 自由、市场和国家. 北京:北京经济学院出版社,1998.

15. [美]乔·B. 史蒂文斯. 集体选择经济学. 上海:上海三联书店,1999.

16. 张宇燕. 经济发展与制度选择——对制度的经济分析. 北京:中国人民大学出版社,1992.

17. Davis L, and D. C. North. Institutional Change and American Economic Growth. Cambridge Cambridge University Press,1971.

18. [美]V.奥斯特罗姆,D.菲尼,H.皮希特编.制度分析与发展的反思——问题与抉择.王诚等译.北京:商务印书馆,1992.

19. [美]西奥多·W.舒尔茨著.改造传统农业.梁小民译.北京:商务印书馆,1987.

20. 张宇燕.经济发展与制度选择.北京:中国人民大学出版社,1992.

21. 卢现祥.西方新制度经济学.中国发展出版社,1996.

22. 陈道.经济大辞典 农业经济卷.上海:上海辞书出版社、农业出版社,1983.

23. 张朝尊.中国社会主义土地经济问题.北京:中国人民大学出版社,1991.

24. 周诚.土地经济研究.北京:中国大地出版社,1996.

25. 刘书楷.土地经济学.北京:农业出版社,1996.

26. 冯玉华.中国农村土地制度改革理论与政策.广东:华南理工大学出版社,1994.

27. 刘炜.经济改革与发展的产权制度解释.北京:首都经济贸易大学出版社,2000.

28. 张五常.经济解释——张五常经济论文选.北京:商务印书馆,2000.

29. 郑凤田.制度变迁与中国农民的经济行为.北京:中国农业出版社,2000.

30. 丁关良.农村土地承包经营权出论.北京:中国农业出版社,2002.

31. 周诚.土地经济学.北京:农业出版社,1989.

32. 林毅夫.再论制度、技术与中国农业发展.北京:北京大学出版社,2000.

33. 康芒斯.制度经济学.北京:商务印书馆,1997.

34. [日]速水佑次郎,[日]神门善久著.农业经济论.沈金虎等译.北京:中国农业出版社,2003.

35. 周其仁.产权与制度变迁——中国改革的经验研究.北京:社会科学出版社,2002.

36. 郑景骥.中国农业微观基础的组织创新.成都:四川人民出版社,2001.

37. 黄宗旨.华北的小农经济与社会变迁.北京:中华书局,1986.

38. 韩俊.中国农村土地问题调查.上海:上海远东出版社,2009.

39. American Rual Small-scale Delegation. Rural Small Industry in the People's Republic of China (a report). Berkeley, University of California Press, 1977.

二、期刊类

1. 戴谋富.关于我国农村土地权属制度的若干思考.农村经济与科技,2005(6).

2. 方文.现有土地产权制度下的集体土地征用制度效应及创新思考.价格月刊,2011(11).

3. 刘荣材.农村土地产权制度变迁模式选择的路径约束分析.农业经济,2007(1).

4. 陈剑波.农地制度:所有权问题还是委托—代理问题.经济研究,2006(7).

5. 黄少安.从家庭联产承包制的土经营权到股份合作制的"准土地股权".经济研究,1995(7).

6. 孙涛,黄少安.制度变迁的路径依赖、状态和结构依存特征研究——以改革开放依赖中国农村土地制度变迁为例.广东社会科学,2009(2).

7. 于传岗.农业现代化进程中我国农村土地流转综合改革的新思维.农业经济,2009(1).

8. 李昌平.慎言农村土地私有化.学习月刊,2003(12).

9. 宋振湖、黄征学.中国土地产权制度分析.中国发展观察,2005(3).

10. 蒋占峰.农地股份合作制变革与农民创收.理论导刊,2004(7).

11. 卢吉勇,陈利根.集体非农建设用地流转的主体与收益分配.中国土地,2002(5).

12. 康雄华.农村集体土地产权制度与土地使用权流转研究.华中农业大学博士学位论文,2006.

13. 肖冰.农村土地产权制度改革思路比较及启示.世界经济情况,2007(6).

14. 段进东,周镕基."虚拟所有权"与我国农地产权制度的创新.理论探讨,2004(4).

15. 詹和平.农村土地流转问题实证研究综述.安徽农业科学,2007,35(24).

16. 伍国勇,刘文霞.贵州省农户土地流转意愿与行为实证研究.农村经济与科技,2010(8).

17. 焦玉良.鲁中传统农业区农户土地流转意愿的实证研究.山东农业大学学报(社会科学版),2005(1).

18. 何乐为.经济发达地区农户土地流转意愿影响因素研究——基于浙江省的调查分析.绍兴文理学院学报,2009(7).

19. 于浩伟,宋芳,李晓红.农村土地流转需求规模影响因素的实证分析——以山东省日照市为例.安徽农业科学,2010,38(3).

20. 杨继瑞.对我国城郊农地流转状况的分析与思考.上海农村经济,2005(2).

21. 马凯.中国农村集体非农建设用地市场演化机制研究.南京农业大学博士学位论文,2009.

22. 刘守英.土地制度与农民权力.中国土地科学,2000(3).

23. 蒋省三,刘守英.土地资本化与农村工业化——广东省佛山市南海经济发展调查.管理世界,2003(11).

24. 高圣平,刘守英.集体建设用地进入市场:现实与法律困境.管理世界,2007(3).

25. 党国英.土地制度对农民的剥夺.中国改革,2005(7).

26. 黄小虎.征地制度改革的经济学思考.中国土地,2002(4).

27. 黄少安.交易费用范畴研究.学术月刊,1995(11).

28. 钱忠好,肖屹,区福田.农民土地产权认知、土地征用意愿与征地制度改革——基于江西省鹰潭市的实证研究.中国农村经济,2007(1).

29. 朱明芬,李一平,楼大为.浙江失地农民生存状况与制度支撑.中共杭州市委党校学报,2006(1).

30. 朱明芬.浙江失地农民利益保障现状调查及对策.中国农村经济,2003(3).

31. 唐爱玲.失地农民社会保障问题调研与思考.西北农林科技大学学报(社会科学版),2008(9).

32. 潘光辉,罗明忠.失地农民的生活保障和就业出路思考.农业经济,2007(1).

33. 林民书,李文博,林枫.郊区被动性城市化农民就业问题研究——厦门市禾山镇农民非农化问题实证分析.财经研究,2002(9).

34. 魏建斌.关于我国失地农民社会保障问题的思考.农村经济,2005(2).

35. 袁枫朝,燕新程.集体建设用地流转之三方博弈分析.中国土地科学,2009(2).

36. 刘波,王干士.农村宅基地使用权的法律问题研究.法治与社会,2007(5).

37. 诸培新,曲福田,孙卫东.农村宅基地使用权流转的公平与效率分析.中国土地科学,2009(5).

38. 孙佑海.土地流转制度研究.南京农业大学博士学位论文,2000.

39. 陈利根,陈会广.土地征用制度改革与创新:一个经济学分析框架.中国农村观察,2003(6).

40. 林善浪.论我国农村土地使用制度中的公平与效率关系.福建省社会主义学院学报,2001(2).

41. 耿文静.我国农村土地制度改革中的公平与效率问题探析.经济与管理,2004(8).

42. 林善浪.农户土地规模经营的意愿和行为特征——基于福建省和江西省224个农户问卷调查的分析.福建师范大学学报(哲学社会科学版),2005(3).

43. 贺振华.农村土地流转的效率分析.改革,2003(4).

44. 中国农村土地制度研究课题组.农地使用权流转的公平与效率问题.农业经济问题,2006(9).

45. 贺振华.农户兼业及其对农村土地流转的影响——一个分析框架.农业经济导刊,2006(8).

46. 姚洋.非农就业结构与土地租赁市场的发育.中国农村观察,1999(2).

47. 韩世远.宅基地的立法问题——兼析物权法草案第十三章"宅基地使用权".政治与法律,2005(5).

48. 骆友生,张红宇.家庭承包责任制后的农地制度创新.经济研究,1995(1).

49. 周建春. 关于农村非农建设用地流转的思考. 国土资源管理, 2002(5).

50. 姚洋. 中国农地制度: 一个分析框架. 中国社会科学季刊, 2000(2).

51. 张照新. 中国土地流转市场发展及其方式. 中国农村经济, 2002(2).

52. 黄贤金, 方鹏. 我国农村土地流转的形成机理、运行方式及制度规范研究. 江苏社会科学, 2002(2).

53. 刘凤芹. 模糊的土地收益权: 租、税、费——农民负担解析. 农业经济问题, 2004(4).

54. Alchian, Armen and Demsetz, H. Production, Information Cost, and Economic Organization. America Economic Review, 1972.

55. Stephen F. King, Thomas F. Burgress. Beyond Critical Success Factors: A Dynamic Model of Enterprise System Innovation. International Journal of Information Management, 2003(1).

56. North. C. Douglass and Robert. P. Thomas. The Rise of the Western World: A New Economics History. W. W. Norton & Company Inc. , 1973.

57. Kung. J. K. Egalitarianism. Subsistence Provision and Work Incentive in China's Agriculture Collective. World Development, 1994(22).

58. Lee Liu. Labor Location and Agriculture Land Use in Jilin, China. Professional Geographer. Washington: Feb. , 2000(52).

59. Tingwei Zhang. Land Market Force and Government's Role in Sprawl: The case of China. Cities, 2000(17).

附录　农村土地流转基本情况调查表

调查地址：_____省_____市_____（县、区）_____镇（乡）_____村（行政村）_____村民小组

调查日期：_____年_____月_____日　调查员姓名_____

调查说明：为了调查掌握当前农村土地流转的基本现状和各地的创新经验，研究土地流转中存在的问题、产生的矛盾及原因，提出相应的制度安排和机制创新，从而更好地推动农村土地流转，加快农业产业结构调整，切实增加农民的收入，合理利用和保护土地资源。特组织本次对农户承包田（地）流转状况的调查。

希望您在百忙之中进行详细的填写，对您的热心配合和支持，我们表示衷心的感谢。

浙江科技学院国家社科基金项目课题组

2010 年 2 月 25 日

一、基本情况调查

表 1　被调查村基本情况

被调查村所在的位置	所在村农户主要收入来源	所在村人均耕地面积	所在村主要经营的农产品	所在村土地征用情况

说明：所在位置：① 城郊；② 非城郊
农户收入主要来源：① 农业；② 以农业为主兼业；③ 非农为主建业；④ 非农业
主要经营的农产品：① 粮食（小麦，水稻等）；② 经济作物（水果、药材，花木等）；③ 水产养殖
土地征用情况：① 土地被征用；② 土地未被征用

表 2 户主基本情况

户主性别 ①男 ②女	户主年龄	文化程度	职业	身体状况	2009 年户主个人 收入(元)

说明:文化程度:①小学以下;②小学;③初中;④高中及高中以上
职业:①农业(种植业、林、牧、渔);②以农(种植业、林、牧、渔)为主兼业;③非农为主兼业;④非农
身体状况:①差;②较差;③一般;④健康;⑤很健康

表 3 农户家庭基本情况

家庭人口数	农村户籍人数	人均耕地面积 (亩)	家庭收入主要 来源	农业收入所占 比重(%)	2009 年人均 收入(元)

说明:家庭收入主要来源:①农业(种植业、林、牧、渔);②以农(种植业、林、牧、渔)为主兼业;③非农为主兼业;④非农;⑤无主要来源

表 4 农户家庭成员基本情况

与户主关系	年龄	文化程度	有无手艺	职业

说明:文化程度:①小学以下;②小学;③初中;④高中及高中以上
有无手艺:①有;②无
职业:①国家公务员;②个体经商;③企业工人;④农民;⑤其他

表 5 农村社会保障情况(在选择栏里打钩)

种类	存在状况		需 要 程 度				
	有	无	很需要	比较需要	一般	不太需要	很不需要
养老保险							
新型农村 合作医保							

二、农户土地流转基本情况调查

1. 你家是否流转过土地?

① 是 ② 否

2. 你家流转土地的意愿是

① 希望转入土地　② 希望转出土地　③ 保持不变　④ 没想过流转土地

3. 如果您想将自己的承包地流出,您希望是由村集体统一流转还是由你自己自行流转?

① 由村集体统一流转　　　② 由您自己自行流转

答题说明:如果您选择该题的① 选项,则请回答第4、第5题;如果您选择该题的② 选项,则跳过第4、第5题,回答第6题。

4. 您比较支持将承包田(地)交由村委会统一流转是基于什么样的考虑?(可多选)

① 家里缺乏劳动力,或外出经商,从事非农产业,土地没人耕种

② 流转后土地总收益提高

③ 由村委会统一流转比自己私下流转土地作价较高

④ 因为村委会通过各种手段强行流转,自己没办法只好同意

⑤ 村里大家都愿意流转了,感觉自己不同意不太好

⑥ 其他

5. 您认为,村集体在组织承包地流转时应做好哪些工作?(可多选)

① 引进好的经营项目

② 建立承包地流转的程序规范,保障流转收益分配公开透明

③ 为参与承包地流转的农户提供稳定的非农就业门路

④ 保障农民对土地的承包经营权

⑤ 享受一定的劳保福利待遇

⑥ 其他

6. 您选择自行流转是出于何种原因?(可多选)

① 自行流转可获得更高的流转价格

② 村集体流转大多期限较长,而自行流转可经双方协商,期限较为灵活

③ 其他

7. 之前,您有没有采用过其他的土地流转形式流出土地?

① 有　　② 没有

如果您选择的是"有",那么您采用的是哪种流转方式流出土地的呢?

① 转包　　② 租赁　　③ 反租倒包　　④ 入股　　⑤ 其他

8. 现在,您认为哪种流转形式对您来说更好一些?(限选一种)

① 转包　　② 租赁　　③ 反租倒包　　④ 入股　　⑤ 其他

9. 现在您家里的土地是怎样利用的?

① 私下转包给别人种了

② 从别人那里再转包入土地一起进行规模经营

③ 没有进行土地流转,自己还耕种自家的土地

④ 租给别人从事水产养殖或种植经济作物等

⑤ 将土地入股,参与土地的开发

⑥ 土地都已被征用了

⑦ 其他

10. 如果您家没有将土地流出,主要原因是什么?

① 没有了土地,家人就无事可做了

② 担心土地流出后就失去了对土地处置的自主权

③ 村集体没有找到好的经营项目,土地流转的价格太低

④ 自己有再转入别人的土地进行规模经营的打算

⑤ 担心土地流出后,改变土地用途从而破坏土地的肥力,影响以后自己对土地的利用效益

11. 您赞成农村的土地股份合作制吗?

① 赞成　　② 不太赞成　　③ 不知道

答题说明:如果选择 ①,那么请回答第 12 题,如果选择② 或③ 那么跳过 12,直接回答 13 题。

12. 您赞成土地股份合作制的原因是什么?

① 土地股份合作制能给自己带来较好的土地收益

② 能参与土地的合作开发

③ 土地入股后,自己可以专职从事其他产业或外出打工经商

13. 您不太赞成土地股份合作制的原因是什么?

① 对土地股份制的相关政策和运作不了解,担心入股后一旦土地政策有变就会失去土地

② 土地入股作价太低,不如转包价格合算

③ 担心股份合作社运营不好,分红无法保障

④ 其他

14. 目前,您自留的土地是怎样利用的呢?

① 私下转让给别人用于建造房子或其他用途

② 转包了别人的土地一起进行规模经营

③ 没有进行土地流转,自己还耕种自家的土地

④ 其他

15. 您家土地流转的约定年限是

① 一年　　② 3-5 年　　③ 不确定

16. 您家在土地流转时采用的合同方式是

① 口头协议　　② 书面协议

17. 流转双方是否约定可以随时中断流转合同？

① 是　　② 否

18. 您家转出土地的价格一般是 ＿＿＿＿＿＿＿元/年·亩,或实物：＿＿＿＿＿＿＿斤/年·亩

19. 您家转入土地的价格一般是 ＿＿＿＿＿＿＿元/年·亩,或实物：＿＿＿＿＿＿＿斤/年·亩

20. 您家转入土地的用途是

① 种植粮食作物　② 种植经济作物　③ 种植水果　④进行水产养殖

⑤ 其他

21. 您家土地主要转出到

①产业化经营的大户　② 种田能手　③ 亲朋好友　④ 其他

22. 您家在土地流转中

① 没有经过村组同意,通过双方私下协商解决

② 没有经过村组同意,但有中介作证

③ 经所在村民小组同意

④ 经村委会同意

三、户主意向调查

1. 您所在村的村级组织对土地流转的态度如何？

① 非常赞同,并进行了积极的宣传组织

② 赞同,但并不是很积极,主要是没有好的经营项目或是怕麻烦,个别农户的工作难做

③ 任由农户之间私下和自行流转,不赞同也不反对

④ 不赞同

2. 您对农地股份合作制了解么？

① 很清楚　　② 知道,但不是很清楚　　③不清楚

3. 据您了解,目前贵村的土地流转现状是

① 很普遍,但规模不大,大多是农户之间的自行流转

② 很普遍,主要是由村集体出面组织的土地流转

③ 很少,大部分还是各家自行耕种或叫人代为耕种

答题说明：如果您选择该题的①—②选项,则请选择第 4 题的①—③选项；如果您选择该题的③选项,则请选择第 4 题的④—⑤选项。

4. 您认为导致贵村目前农户承包地流转现状的主要原因是什么？（可多选）

①该村二、三产业较为发达,外出经商或从事其他行业的人较多

②该村有众多的农业专业户,需要土地的规模经营

③村集体组织统一将农户的承包地进行集中,通过招商引资,采用返租倒包、土地租赁、土地入股等方式流转土地,能使农户获得稳定和较高的收益

④该村地处偏僻,农户大多以从事农业种植业为主,土地主要以自家耕种为主

⑤外出打工人较多,土地主要由家中老人耕种

5. 在什么情况下您愿意将您所有的土地承包经营权流转?

① 有较高的非农收入

② 有广阔的非农就业门路

③ 土地流转的价格再高点

④ 享受劳保福利

⑤ 政府或集体能找到好的经营项目

⑥ 其他

四、针对农户承包地流动性意愿的调查

1. 您认为农村第二轮土地承包期内实行"增人不增地、减人不减地"的政策合理吗?

① 合理　　　② 不合理

2. 您认为由农户承包的土地应该:(请在选项栏里打钩)

买　卖			继　承			抵　押		
可以	不可以	不知道	可以	不可以	不知道	可以	不可以	不知道

3. 您赞同土地私有化吗?

①赞同　　②反对　　③不知道

4. 如果您的承包田(地)涉及土地征用,您希望被征用吗?

① 非常希望

② 希望,但要看被征用的补偿是否合理

③ 希望

④ 不知道

5. 如果您的承包田(地)被征用,您希望征用补偿款

① 一次性全部归农户所有,自行处理

② 其中的一部分由村集体统一用于缴纳农户的养老保险金

③ 建立专项基金,根据被征用土地的原用途和土地等级每月发放生活补助

后 记

　　本书从确定选题到拟定提纲、从资料的收集到实地的调研,从写作修改到最终定稿,都倾注了大量的精力。作为国家社科基金项目的最终研究成果,自课题立项以来,课题负责人及成员根据课题设计的路径和方法,进行了包括文献查索、资料搜集、实地调研、数据统计汇总、定期集中讨论、成果论文撰写发表等各项工作。经过近三年的努力,我们终于完成了国家社科基金项目《农村土地流转制度及相关问题的理论和实证研究》(项目编号 09BJY060)所确定的预期成果。在国内相关级别的期刊上公开发表了多篇学术论文。在整理汇总课题研究成果的基础上,经过进一步的深入研究和观点提炼,决定出版本著作。在此,我们首先要感谢国家社科基金将我们的课题予以立项资助,同时要感谢浙江省国土资源厅、新昌县农办、余杭区农办、诸暨市人民政府、余杭区闲林镇人民政府等对课题研究中实地调研和数据获取等方面所提供的大力支持和帮助。特别值得一提的是,课题立项负责人在余杭区闲林镇人民政府进行了为期半年的蹲点调研,得到了镇政府党委委员金云中同志的悉心指导和帮助,从而为课题研究的进程顺利提供了重要的保障,在此谨向金委员及镇政府的相关人员表示最深切的谢意。

　　在课题的研究中,得到了课题组成员胡浙平书记、刘宗让教授、郭峰老师、孙丽珍老师在调查地点的联络、资料的搜集汇总等方面的大力协助。本书是在课题研究报告的基础上而成的。在写作过程中,浙江省社科规划办课题鉴定组的专家给研究报告所提的宝贵意见,才使得本书的结构和内容得以进一步的完善和充实。

　　最后,还要感谢我的家人在课题研究和本书的写作中给予的大力鼓励和支持。

　　中国农村土地流转问题既涉及政府、农村集体经济组织、农民、土地使用者等各主体之间的经济利益问题,也涉及我国特定社会制度和经济体制下的社会关系问题,加之我国国土辽阔,自然和经济社会发展的地区差异大。农民参与土地流转的意愿除了主要受经济因素影响之外,还受传统习俗、思想观念等非经济因素的影响,因此在现实中必然呈现出情况的多样性和复杂性。由于本人的学识水平和认知能力所限,本书的研究中必然存在较多的疏漏、不足甚至谬误,诚望学界前辈同人批评指正,书中观点文责自负。

方 文

2012 年 5 月

图书在版编目(CIP)数据

中国农村土地流转的制度环境、农户行为和机制创新
/ 方文著. —杭州：浙江大学出版社，2012.5
ISBN 978-7-308-09970-7

Ⅰ.①中… Ⅱ.①方… Ⅲ.①农村－土地流转－研究
－中国 Ⅳ.①F321.1

中国版本图书馆 CIP 数据核字（2012）第 097606 号

中国农村土地流转的制度环境、农户行为和机制创新
方　文　著

责任编辑　陈丽霞
封面设计　春天·书装工作室
出版发行　浙江大学出版社
　　　　　（杭州市天目山路 148 号　邮政编码 310007）
　　　　　（网址：http://www.zjupress.com）
排　　版　浙江时代出版服务有限公司
印　　刷　富阳市育才印刷有限公司
开　　本　710mm×1000mm　1/16
印　　张　10.75
字　　数　199 千
版 印 次　2012 年 5 月第 1 版　2012 年 5 月第 1 次印刷
书　　号　ISBN 978-7-308-09970-7
定　　价　30.00 元
